GOETHE
LITERATUR UND NATUR

# GOETHE

## LITERATUR UND NATUR

VERLAG JANOS STEKOVICS

Ortsvereinigung Hamburg
der Goethe-Gesellschaft in Weimar e. V.
Jahresgabe 2015

# Inhalt

## Vorwort

2014 konnte die Hamburger Goethe-Gesellschaft mit Stolz und Freude auf 90 Jahre des Bestehens zurückblicken. Nicht zuletzt aus diesem Anlass wurde die Beschäftigung mit Leben und Werk Goethes im 17. Klassik-Seminar fortgesetzt: Hatte das Klassik-Seminar 2013 „Goethe – vom ‚Sturm und Drang' zur ‚Frühklassik'" in den Blick genommen, so spannte sich 2014 der Bogen von „Wilhelm Meisters Lehrjahre" über „Die Wahlverwandtschaften" zu „Hermann und Dorothea", und auch Goethes vielseitige Beschäftigung mit Fragen der naturwissenschaftlichen Forschung wurde thematisiert:

Prof. Benedikt Jeßing, Bochum, stellte den Einfluss von Schillers Briefen „Über die ästhetische Erziehung des Menschen" in den „Lehrjahren" dar.

Dr. Helmut Hühn, Jena, ging in seinem Vortrag über Goethes „Wahlverwandtschaften" auf den Zusammenhang von Literatur, Natur und Gesellschaft in diesem Roman ein.

Dr. Margrit Wyder, Zürich, untersuchte in ihrem Vortrag die essenzielle Bedeutung der Naturforschung für Goethes Leben und Schaffen.

Dr. Malte Stein, Hamburg/Köln, war leider verhindert. Seinen Vortrag über „Hermann und Dorothea" finden Sie in dieser Jahresgabe.

Der Vorstand der Hamburger Goethe-Gesellschaft dankt allen Referenten vielmals dafür, dass sie die Vorträge für die Jahresgabe 2015 zur Verfügung gestellt haben!

Seit 2005 nun arbeitet die Hamburger Goethe-Gesellschaft mit dem Landesinstitut für Lehrerbildung und Schulentwicklung

Hamburg zusammen und eröffnet damit den Lehrkräften der Hamburger Schulen eine weitere Fortbildungsmöglichkeit. Herrn Prof. Keuffer, dem Leiter des Landesinstituts und Herrn Ludwig vom Tagungsbüro sei an dieser Stelle vielmals gedankt für die großzügige und professionelle Unterstützung. Ein besonderer Dank gilt Herrn Oberschulrat Heinz Grasmück, Leiter des Referats Deutsch und Künste in der Behörde für Schule und Berufsbildung, der das Seminar unterstützt und begleitet hat!

Wie auch in den Jahren zuvor haben Herr Clemens Heithus und Herr Dr. Uwe Petersen mit Gründlichkeit und großer Sachkunde diesen Band bis zum Druck betreut. Beiden sei dafür herzlich gedankt!

*Ragnhild Flechsig*

*Benedikt Jeßing*

# Wo kommt der Wilhelm der *Lehrjahre* eigentlich an? Der „Saal der Vergangenheit" im Schloss des Oheims

## *Einleitung*

> Wenn ich Sie recht verstanden habe, so ist es gar nicht ohne Absicht geschehen, daß Sie Natalien unmittelbar von dem Gespräch über die Liebe und über ihre Unbekanntschaft mit dieser Leidenschaft den Übergang zu dem Saal der Vergangenheit nehmen lassen. Gerade die Gemüthsstimmung, in welche man durch diesen Saal versetzt wird, erhebt über alle Leidenschaft, die Ruhe der Schönheit bemächtiget sich der Seele, und diese gibt den besten Aufschluß über Nataliens liebefreie und doch so liebevolle Natur.
>
> Dieser Saal der Vergangenheit vermischt die ästhetische Welt, das Reich der Schatten im idealen Sinn, auf eine herrliche Weise mit dem lebendigen und wirklichen, so wie überhaupt aller Gebrauch den Sie von den Kunstwerken gemacht, solche gar trefflich mit dem Ganzen verbindet. Es ist ein so froher freier Schritt aus der gebundenen engen Gegenwart heraus, und führt doch immer so schön zu ihr zurück. Auch der Übergang von dem mittlern Sarkophag zu Mignon und zu der wirklichen Geschichte ist von der höchsten Wirkung. Die Inschrift: gedenke zu leben! ist trefflich, und wird es noch mehr, da sie an das verwünschte Memento mori erinnert, und so schön darüber triumphirt.[1]

Die Passage aus Schillers sehr detailliertem und ausführlichem Brief vom 3. Juli 1796 zum 8. Buch der *Lehrjahre* bezieht sich einerseits auf eine der bedeutsamsten Stellen des Romans überhaupt – andererseits aber ist Schiller hier, hinsichtlich der gerade von Goethe übersandten handschriftlichen Fassung, noch nicht endgültig zufrieden mit demjenigen, was der Romanheld hier erreicht bzw. als Erlerntes zeigt. Darauf wird späterhin noch einzugehen sein.

1 Schiller an Goethe am 3. Juli 1796; MA 8.1, S. 192 f.

In diesem Beitrag soll es darum gehen, den Nachweis zu erbringen, dass Wilhelm Meister hier, im Schloss des (verstorbenen) Oheims nicht nur bei der lange gesuchten „Amazone" Natalie anlangt (und damit die forsch vorangetriebenen eigenen Heiratspläne gegenüber Therese durchkreuzt), sondern dass er, noch präziser, hier im Saal der Vergangenheit bei einer Erkenntnisform anlangt, die erstens für ihn neu ist – und die zweitens viel mehr Legitimation für den Abbé zum Schluss des 7. Buches darstellt, Wilhelms Lehrjahre für beendet zu erklären, als die bloße Anerkenntnis der Vaterschaft gegenüber Felix. Dass aber die Qualität des letztlich von Wilhelm Erreichten nicht ohne Zutun Schillers im Briefwechsel mit Goethe (und ebenso nicht ohne Zutun der ästhetischen Schriften Schillers aus dem ersten *Horen*-Jahr) hätte zustande kommen können, soll ein nicht unbedeutender Nebenzweig der gegenwärtigen Argumentation sein.

## *Lektüre: Wilhelm Meister im Saal der Vergangenheit*

Wo aber kommt Wilhelm hier eigentlich an? Es ist unerlässlich, die zentrale Passage aus dem fünften Kapitel des VIII. Buches eingehender zu lesen:

> Unter diesen Worten waren sie wieder in das Hauptgebäude gelangt. Sie führte ihn durch einen geräumigen Gang auf eine Türe zu, vor der zwei Sphinxe von Granit lagen. Die Türe selbst war auf ägyptische Weise oben ein wenig enger als unten, und ihre ehernen Flügel bereiteten zu einem ernsthaften, ja zu einem schauerlichen Anblick vor. Wie angenehm ward man daher überrascht, als diese Erwartung sich in die reinste Heiterkeit auflöste, indem man in einen Saal trat, in welchem Kunst und Leben jede Erinnerung an Tod und Grab aufhoben. In die Wände waren verhältnismäßige Bogen vertieft, in denen größere Sarkophagen standen; in den Pfeilern dazwischen sah man kleinere Öffnungen, mit Aschenkästchen und Gefäßen geschmückt; die übrigen Flächen der Wände und des Gewölbes sah man regelmäßig abgeteilt und zwischen heitern und mannigfaltigen Einfassungen, Kränzen und Zieraten heitere und bedeutende Gestalten in Feldern von verschiedener Größe gemalt. Die architektonischen Glieder waren mit dem schönen gelben Marmor, der ins Rötliche hinüberblickt, bekleidet, hellblaue Streifen von einer glück-

> lichen chemischen Komposition ahmten den Lasurstein nach und gaben, indem sie gleichsam in einem Gegensatz das Auge befriedigten, dem Ganzen Einheit und Verbindung. Alle diese Pracht und Zierde stellte sich in reinen architektonischen Verhältnissen dar, und so schien jeder, der hineintrat, über sich selbst erhoben zu sein, indem er durch die zusammentreffende Kunst erst erfuhr, was der Mensch sei und was er sein könne.[2]

Der Text nimmt sich gleichermaßen Zeit, sowohl die Architektur und Innenraumgestaltung des Saals ausführlich zu berichten als auch ein Augenmerk auf die Wirkung dieses (innenarchitektonischen) Arrangements zu legen. Allerdings entzieht der Erzähler uns die Perspektive Wilhelms, er verdeckt sie zum Ende hin, zumindest vorübergehend, durch eine generalisierte Perspektive, eine Verallgemeinerung der Wirkung des Saals auf jeden, der da eintritt.

Die erste Anmutung beim Eintritt an den Saal hin ist ohne Zweifel die einer altägyptischen Grabkammer: Zwei Sphinxe je zur Seite einer „auf ägyptische Weise" nach oben hin leicht konisch zulaufenden Tür bereiten „zu einem ernsthaften, ja zu einem schauerlichen Anblick vor". Im Gegensatz zu dieser grausigen Erwartung steht die „reinste Heiterkeit", die sich einstellt, wenn man den Saal dann betritt. Dort nämlich, so der Erzähler, heben „Kunst und Leben jede Erinnerung an Tod und Grab" auf. Wie aber gelingt es „Kunst und Leben", diesen Eindruck, diese Wirkung, diese Leistung zu vollbringen? Besetzt ist der Saal mit Sarkophagen, Aschekästchen und Gefäßen, Aufbewahrungsmöglichkeiten für die körperlichen Überreste menschlichen Lebens: Der Saal ist faktisch eine Grabkammer.

Der Erzähler widmet allerdings der gestalterischen Ausstattung des Saals viel mehr Aufmerksamkeit als den dort aufbewahrten Gegenständen oder Gefäßen: „In die Wände waren verhältnismäßige Bogen vertieft". Erstes oder zunächst auffallendes Gestaltungselement des Saals ist seine gewölbeartige Architektur, die durch Bögen aufgebrochenen Wände, Bögen allerdings, die sich durch „Verhältnismäßigkeit" auszeichnen. So

2 Goethe: *Wilhelm Meisters Lehrjahre*. MA 5, S. 541.

ungenau dieses Attribut erscheint, gibt es doch zweierlei an: Sowohl Breite und Höhe der Bögen selbst als auch ihr Größen-Verhältnis zu den Mauern, die sie durchbrechen, öffnen oder vertiefen, scheint durch eine gewisse Proportionalität gekennzeichnet zu sein.[3]

Diese Verhältnismäßigkeit darf ohne Zweifel auch angenommen werden für die „kleineren Öffnungen“ „in den Pfeilern dazwischen“ sowie für die „übrigen Flächen der Wände und des Gewölbes“. Letztere sind nämlich „regelmäßig“ abgeteilt in „Felder von verschiedener Größe“, und geschmückt mit „heitern und mannigfaltigen Einfassungen, Kränzen und Zierraten“. Dem ersten Eindruck des Eintretenden sind die gestalterischen Verhältnisse im Saal auf jeden Fall bedeutender als dasjenige, was dargestellt wird: die „heitere[n] und bedeutende[n] Gestalten“ in den „Feldern von verschiedener Größe“, die stoffliche, inhaltliche Seite des Kunstwerks wird hier zunächst nur am Rande genannt.

Die architektonische Ordnung wird durch Farbgestaltung unterstützt: „Die architektonischen Glieder waren mit dem schönen gelben Marmor, der ins Rötliche hinüberblickt, bekleidet, hellblaue Streifen von einer glücklichen chemischen Komposition ahmten den Lasurstein nach“. Naturstein (anthropomorph dargestellt, insofern der gelbe Marmor ins Rötliche hinüber*blickt*!) und künstliche, chemische Nachahmung eines wertvollen, farbigen Steins bilden einen farblichen Gegensatz, dem als solchem eine doppelte Wirkung zugeschrieben wird: Gerade die Farben geben, „indem sie gleichsam in einem Gegensatz das Auge befriedigten, dem Ganzen Einheit und Verbindung“.

Farben und Verhältnismäßigkeit oder Proportionalität der Gestaltungselemente des Saales fasst der Erzähler bei Überleitung zur Gesamtwirkung auf den Betrachter nochmals zusammen: „Alle diese Pracht und Zierde stellte sich in reinen architektoni-

3 Zedlers Universallexikon weist nicht nur im Artikel „Verhältnis“ insbesondere auf die architektonische Verhältnismäßigkeit von Breite und Höhe etwa bei Wandöffnungen hin, sondern verweist grundsätzlich auch auf den Artikel „Proportion“. Vgl. Johann Heinrich Zedlers *Grosses vollständiges Universallexicon aller Wissenschaften und Künste* (1732–1754), Bd. 29, Sp. 889 ff. u. Bd. 47, Sp. 790 ff.

schen Verhältnissen dar.“ Auch, wenn hier wiederum ein diffuses Attribut (reine architektonische Verhältnisse) verwendet wird: der Text hebt die Proportionalität der *Formen* hervor. Und gerade diese erzielen eine immense Wirkung: Der Erzähler hatte schon über die ganze Passage hin Wilhelm als Perspektivfigur des Erzählten verdrängt durch ein verallgemeinerndes „man“: ‚man‘ wurde vom Eindruck des Saales überrascht, ‚man‘ sah, das ‚Auge‘ wurde befriedigt. Diese generalisierte Wirkung des Saales betont die zitierte Passage gerade in ihrer Schlusswendung nochmals: „so schien jeder, der hineintrat, über sich selbst erhoben zu sein, indem er durch die zusammentreffende Kunst erst erfuhr, was der Mensch sei und was er sein könne“. Letztlich ist diese Behauptung oder Feststellung hier noch unverständlich, gewissermaßen nur These: Die „zusammentreffende Kunst“, also das Ineinander von Architektur, Raumgestaltung und Malerei, sowie die „reinen architektonischen Verhältnisse“ ermöglichen eine Erhabenheitserfahrung des Menschen, ein wie auch immer konkretisierbares Begreifen dessen, „was der Mensch sei und was er sein könne“, eine anthropologische Grunderkenntnis, ein Wissen um das Gattungswesen des Menschen, die erst durch das ästhetische Arrangement ermöglicht würden.

Auch im unmittelbar Folgenden wechselt der Text noch nicht wieder zu Wilhelm als Perspektivfigur: Die Marmorstatue des jüngst verstorbenen Oheims (in dessen Schloss wir uns befinden) mit der Inschrift „Gedenke zu leben“[4] wird von Natalie mit einem frischen Blumenstrauß geschmückt, indem sie gleichzeitig den alten, verwelkten wegnimmt. Der Blumenstrauß, insbesondere der verwelkte Blumenstrauß galt im 17. Jahrhundert, neben Sanduhr, abgerissenem Faden (auf Webstuhl oder Spinnrad) und Totenkopf, als eines der fast unverzichtbaren Emblembestandteile, wenn es um die bildliche Darstellung von Vergänglichkeit, Eitelkeit der Welt oder der Allgegenwärtigkeit des Todes ging. Das nicht nur barocke *memento mori* wird in dieser Szene allerdings doppelt ersetzt; die Statue des Oheims trägt seinen programmatischen Wahlspruch: „Gedenke zu leben“, und ersetzt „Bedenke, dass du sterben musst“, der verwelkte Blumenstrauß wird (immer wieder) durch einen frischen ersetzt.

4 *Lehrjahre*; MA 5, S. 542.

Erst jetzt wendet sich die Erzählung wieder Wilhelm zu, seine Reaktionen auf den ersten Eindruck des Saales sind bedeutsam:

> Wilhelm konnte sich nicht genug der Gegenstände freuen, die ihn umgaben. „Welch ein Leben", rief er aus, „in diesem Saale der Vergangenheit! man könnte ihn ebensogut den Saal der Gegenwart und der Zukunft nennen. So war alles und so wird alles sein! Nichts ist vergänglich, als der eine der genießt und zuschaut. Hier dieses Bild der Mutter, die ihr Kind ans Herz drückt, wird viele Generationen glücklicher Mütter überleben. Nach Jahrhunderten vielleicht erfreut sich ein Vater dieses bärtigen Mannes, der seinen Ernst ablegt und sich mit seinem Sohne neckt. So verschämt wird durch alle Zeiten die Braut sitzen und bei ihren stillen Wünschen noch bedürfen, daß man sie tröste, daß man ihr zurede; so ungeduldig wird der Bräutigam auf der Schwelle horchen, ob er hereintreten darf."
>
> Wilhelms Augen schweiften auf unzählige Bilder umher. Vom ersten frohen Triebe der Kindheit, jedes Glied im Spiele nur zu brauchen und zu üben, bis zum ruhigen abgeschiedenen Ernste des Weisen konnte man in schöner, lebendiger Folge sehen, wie der Mensch keine angeborne Neigung und Fähigkeit besitzt, ohne sie zu brauchen und zu nutzen. Von dem ersten zarten Selbstgefühl, wenn das Mädchen verweilt, den Krug aus dem klaren Wasser wieder heraufzuheben, und indessen ihr Bild gefällig betrachtet, bis zu jenen hohen Feierlichkeiten, wenn Könige und Völker zu Zeugen ihrer Verbindungen die Götter am Altare anrufen, zeigte sich alles bedeutend und kräftig.[5]

Wilhelm zeigt sich begeistert zunächst von den *Stoffen,* den *Gegenständen der Darstellung,* den „heitere[n] und bedeutende[n] Gestalten" in den „Feldern von verschiedener Größe", mit denen der Saal ausgemalt ist – allerdings unter einer übergeordneten, transsubjektiven oder transindividuellen Perspektive, auf die späterhin noch einzugehen sein wird. Was er abgebildet sieht, ist, gleichsam allegorisch, das Leben des Menschen (als Gattung) in verschiedenen, repräsentativen Stationen: Er sieht die „Mutter,

5 Ebd.

die ihr Kind ans Herz drückt", einen ‚bärtigen Mann' als Vater, „der seinen Ernst ablegt und sich mit seinem Sohne neckt", eine Braut, die ‚verschämt' „bei ihren stillen Wünschen noch bedürfe[ ], daß man sie tröste", einen Bräutigam, „auf der Schwelle horchen[d], ob er hereintreten" dürfe; dem Mädchen, bei dem das „erste[ ], zarte[ ] Selbstgefühl" erwache, wenn es verweile, „den Krug aus dem klaren Wasser wieder heraufzuheben, und indessen ihr Bild gefällig betrachte[ ]" wird das mächtige, kulturell ebenso bedeutsame Bild beigesellt „jene[r] hohen Feierlichkeiten, wenn Könige und Völker zu Zeugen ihrer Verbindungen die Götter am Altare anrufen". Vom Spiel des Kindes bis zum „ruhigen abgeschiedenen Ernste des Weisen" wird vor ihm das ganze Leben des Menschen als Gattungswesen entfaltet mit der Absicht zu zeigen, „wie der Mensch keine angeborne Neigung und Fähigkeit besitzt, ohne sie zu brauchen und zu nutzen".

Von den *Sachen* her, ihrer stofflichen oder inhaltlichen Seite führen die Gemälde – von deren Vielfalt Wilhelm wohl nur einen Anteil ausrufend referiert – anscheinend für die Gattung Mensch konstitutive, ja entscheidende Szenen oder Begebnisse vor die Sinne; menschliches Leben und Sein werden in allegorischen Szenen vergegenwärtigt. Wilhelms Perspektive aber wendet sich schon hier von den bloßen Sachen weg: Er realisiert die Differenz zwischen dem bloß dargestellten scheinbar Individuellen und der überzeitlichen, allegorischen Bedeutung der Darstellung – und wiederum deren Differenz zum bloß Zeitlichen, Zufälligen des Betrachters: „Nichts ist vergänglich, als der eine der genießt und zuschaut." Das Bild der Mutter werde „viele Generationen glücklicher Mütter überleben", Jahrhunderte später noch könne ein Vater sich am dargestellten Vaterglück erfreuen, jede Braut werde so verschämt wie diese auf Tröstung hoffend warten. Schon hier versteht Wilhelm die Kunst als Erhebung über das bloß Individuelle: Es geht auf den Abbildungen nicht um individuelle, konkret-historische Mutter, Vater, Braut oder Kind, sondern um das Wesenhafte des Mutter-, Vater-, Braut- oder Kindseins, das unter allen Umständen gleich oder zumindest bis zur Wiedererkennbarkeit ähnlich bleibe. Kunst, so Wilhelms eher intuitive als begriffliche Erkenntnis, trennt das Stoffliche ab vom Konkret-Historischen, Individuellen und erhebt dieses grundsätzlich in einen Darstellungsmodus des Wesenhaften, Überzeitlichen, Gesetzmäßigen, wird mithin allegorisch, oder, im Goetheschen Sinne, symbolisch.[6]

Wenn Wilhelm ausruft: „Nichts ist vergänglich, als der eine der genießt und zuschaut", wird die eigene unhintergehbare Vergänglichkeit aufgehoben in der doppelten Überzeitlichkeit sowohl der Gattung Mensch (wie die Bilder sie symbolisch zeigen) als auch der Kunst, die unabhängig von der Zeitlichkeit des Betrachters diesen lange überdauern wird und, ebenso unabhängig von dessen Zeitlichkeit, ihre Wirkung über Jahrhunderte hin werde entfalten können. Allein schon in diesem Sinne gibt der „Saal der Vergangenheit" Wilhelm vollständig recht: Er ist ein Saal des Lebens, eine Allegorie des *memento vivere*, ein Saal, in dem Überzeitlichkeit von Kunst und Gattungswesen des Menschen jede individuelle Zeitlichkeit und Vergänglichkeit aufhebt: „man könnte ihn eben so gut den Saal der Gegenwart und der Zukunft nennen. So war alles und so wird alles sein!"

Dass die Wirkung, die der Saal auf Wilhelm ausübt, aber nicht hier stehenbleibt, sondern weit darüber hinaus getrieben wird, erweist der Schluss jener Passage, in der der erste Eindruck des Saals auf Wilhelm erzählt wird:

> Es war eine Welt, es war ein Himmel, der den Beschauenden an dieser Stätte umgab, und außer den Gedanken, welche jene gebildeten Gestalten erregten, außer den Empfindungen, welche sie einflößten, schien noch etwas andres gegenwärtig zu sein, wovon der ganze Mensch sich angegriffen fühlte. Auch Wilhelm bemerkte es, ohne sich davon Rechenschaft geben zu können. Was ist das, rief er aus, das, unabhängig von aller Bedeutung, frei von allem Mitgefühl, das uns menschliche Begebenheiten und Schicksale einflößen, so stark

6 Vor allem Goethe prägt das Verständnis des Begriffs als „Schau des Allgemeinen im Besonderen". Das Symbol erscheint ihm als „die Natur der Poesie; sie spricht ein Besonderes aus, ohne an's Allgemeine zu denken oder darauf hinzuweisen" (WA I.42.2, S. 146). Das Symbol „verwandelt die Erscheinung in Idee, die Idee in ein Bild, und so, daß die Idee im Bild immer unendlich wirksam und unerreichbar bleibt" (WA I.48, S. 205). Ausgangspunkt ist also die konkrete und sinnliche Anschauung etwa eines Naturdings. In diesem ein Allgemeineres wahrzunehmen, zu ahnen, schafft für den Künstler die Voraussetzung, ein (literarisches) Bild zu schaffen, in dem das Besondere der Erscheinung mit dem Allgemeinen der Idee als identisch zusammen fallen.

und zugleich so anmutig auf mich zu wirken vermag? Es spricht aus dem Ganzen, es spricht aus jedem Teile mich an, ohne daß ich jenes begreifen, ohne daß ich diese mir besonders zueignen könnte! Welchen Zauber ahnd' ich in diesen Flächen, diesen Linien, diesen Höhen und Breiten, diesen Massen und Farben! Was ist es, das diese Figuren, auch nur obenhin betrachtet, schon als Zierat so erfreulich macht? Ja, ich fühle, man könnte hier verweilen, ruhen, alles mit den Augen fassen, sich glücklich finden und ganz etwas andres fühlen und denken als das, was vor Augen steht.[7]

Der Erzähler reproduziert zunächst die Emphase des Betrachters Wilhelm – und steigert sie gewissermaßen nochmals – „Es war eine Welt, es war ein Himmel, der den Beschauenden an dieser Stätte umgab" –, um sodann die Wirkungsmomente des Ganzen aber nochmals zu differenzieren: Er unterscheidet dreifach zwischen intellektuellen, emotionalen und ‚umfassenden' (es steht vorerst kein angemessenerer Begriff zur Verfügung) Wirkungsmomenten: Die ‚gebildeten Gestalten' erregen Gedanken, erreichen also ein *intellektuelles* Wirkziel, sie flößen ‚Empfindungen' ein, realisieren also ein gefühlsmäßig bewegendes, rhetorisch gesprochen möglicherweise mittleres oder sogar pathetisches Wirkziel. (Dass damit die Wirkungskonzepte zweier für das 18. Jahrhundert bedeutsamer literarischer Programme – das der rationalistischen Aufklärung à la Gottsched und das der empfindsamen Aufklärung à la Lessing – zitiert werden, lässt diese Passage, bei Interpretation des nun folgenden, auch literarhistoriographisch bedeutsam erscheinen, insofern der Klassizismus bei Goethe und Schiller ins Verhältnis zu den großen vorgängigen ‚Epochen' der Literatur im 18. Jahrhundert gesetzt wird).

Darüber hinaus aber „schien noch etwas andres gegenwärtig zu sein, wovon der ganze Mensch sich angegriffen fühlte": Nicht *nur* Vernunft, nicht *nur* Sinnlichkeit, nicht *nur* irgendeine Seite des Menschen, sondern der *ganze Mensch* scheint sich hier von irgend etwas angegriffen zu fühlen! Dass es gerade die Kunstphilosophie Schillers in der ersten Hälfte der 1790er Jahre ist, die die Programmatik des „ganzen Menschen" als Möglichkeit einzig ästhetischer Erfahrung gegen die Entfremdungserfahrung der

7 *Lehrjahre*; MA 5, S. 543.

Moderne im Uhrwerk des Staates und gegen die Barbarisierungs- und Verwilderungstendenzen in und nach der *terreur* in Frankreich setzte,[8] macht deutlich, in wie hohem Maße die *Lehrjahre* hier, insbesondere in dieser letzten hier zu besprechenden Passage, von Schillers Ausführungen angeregt, möglicherweise von den (Brief-)Gesprächen mit Schiller beeinflusst worden sind.

Und dies, was den *ganzen Menschen* anspricht, entzieht sich der *ratio* – zumindest der Vernunft Wilhelms: „Auch Wilhelm bemerkte es, ohne sich davon Rechenschaft geben zu können"; es kann nicht, auch nicht vom Erzähler, auf den Begriff gebracht werden, entzieht sich letztlich dem *logos*, dem Wort wie der Vernunft, überschreitet also jeden logozentrischen Aufklärungsoptimismus des 18. Jahrhunderts – nicht ins Irrationale hin (das wäre vielleicht dann romantisch!), sondern ins Spezifisch-Ästhetische. Wilhelm stellt, wie in der Schlussszene des 7. Buches bei seiner Initiation in den Turm, die richtige Frage: „Was ist das? rief er aus, das, unabhängig von aller Bedeutung, frei von allem Mitgefühl, das uns menschliche Begebenheiten und Schicksale einflößen, so stark und zugleich so anmutig auf mich zu wirken vermag?" Er realisiert die Binnendifferenzierung der Wirkungsmomente des Saales, die der Erzähler vorweggenommen hatte: „Unabhängig von aller Bedeutung" bezieht sich auf die Gleichgültigkeit der intellektuellen, verstandesmäßigen Wirkungsdimensionen des Kunstwerks; „frei von allem Mitgefühl" realisiert gleichsam das vollständige interesselose Wohlgefallen Kants: Jedes Mitleiden, jede Sym-Patheia, jede gefühlsmäßige Anteilnahme wird überschritten durch das Dritte, das Wilhelm nicht begreifen kann.

Er kann nur die Stärke seiner Wirkung bezeichnen: „Was ist das, […] das […] *so stark und zugleich so anmutig* auf mich zu wirken vermag" (Hervorhebung von mir, bj). Und er vermag (ungefähr) anzugeben, wo im Kunstwerk die Quelle dieser Wirkung verborgen sein mag: „Es spricht aus dem Ganzen, es spricht aus jedem Teile mich an, ohne daß ich jenes begreifen, ohne daß ich diese mir besonders zueignen könnte!" Auch hier wird die

8 Vgl. dazu u. a. Manger, Klaus u. a. (Hrsg.): *Der ganze Schiller – Programm ästhetischer Erziehung*. Wiss. Colloquium des SFB 482, Jena 21.–24. September 2005. Heidelberg 2006.

Ohnmächtigkeit des Verstandes, die Unzulänglichkeit des Subjekts gegenüber dem Kunstwerk wiederum sichtbar: Das Ganze kann Wilhelm nicht begreifen, die Teile des Ganzen sich nicht zueignen. Der Modus der Wahrnehmung dieser Wirkung ist ein anderer als derjenige von Vernunft und Mitgefühl – es ist der Modus der *Ahndung*: „Welchen Zauber ahnd' ich in diesen Flächen, diesen Linien, diesen Höhen und Breiten, diesen Massen und Farben!"

Nach Adelung ist ‚ahnden', ‚Ahndung' die „dunkele Empfindung des Zukünftigen"[9], ohne dieses Visionär-Orakelhafte gebraucht Goethe den Begriff häufig im Sinne von „(er)spüren, (er)tasten als intuitives, irrationales Wahrnehmen, Erfassen, Durchdringen".[10] – Dass Wilhelm hier nur ‚ahndet', zeigt schon die grammatische Struktur seines letztzitierten Satzes: Eigentlich eine Frage, durch das Ausrufezeichen jedoch zum emphatischen Aussagesatz umgewandelt – ohne jedoch eine Antwort zu geben: *Dass* er ‚Zauber' empfindet, ist unbestritten, *welcher* Zauber dieses sei, bleibt unauflösbar![11] Und Wilhelm erahnt oder erahndet den unbestimmten ‚Zauber' eben jenseits aller Bedeutung und allen Mitgefühls in den „Flächen, diesen Linien, diesen Höhen und Breiten, diesen Massen und Farben", also in der *Form* des Kunstwerks!

## *Schiller im Hintergrund*

Die formale Seite eines Kunstwerks ist es, die für Schiller, von den *Kallias*-Briefen an Körner bis hin zu den Briefen *Ueber die ästhetische Erziehung des Menschen*, in den *Horen* 1795 veröffentlicht, die geistige, die Verstandes-Seite des Menschen anspricht, ihn aus dem bloßen sinnlichen Affiziertsein herausreißt – und damit

9 Adelung, Johann Christoph: Grammatisch-kritisches Wörterbuch der Hochdeutschen Mundart. Leipzig 1793–1801, Bd. 1, Sp. 187.

10 *Goethe-Wörterbuch*. Stuttgart 1978 ff. Bd. 1, Sp. 293.

11 Der emphatisch ausgerufene scheinbare Fragesatz mit Ausrufungs-Interpunktion ist seit Goethes früher Lyrik rhetorischer Modus der eigentlichen Unsagbarkeit: „Wie herrlich leuchtet / Mir die Natur! / Wie glänzt die Sonne! / Wie lacht die Flur!" (MA 1, S. 162).

ermöglicht, dass Kunst, mitsamt dem Mitgefühl, dem Pathetischen, den *ganzen Menschen* anspricht.

Genau diese Bestimmung ermöglicht Schiller eine neuartige, für den Weimarer Klassizismus bestimmende Definition *autonomer* Kunst. Kant hatte in der *Kritik der Urteilskraft* das Schöne als autonom vom Subjekt her definiert, von dessen „interesselosen Wohlgefallen". Schiller will es definieren als objektive Bestimmung des Kunstwerks selber, gleichsam ganz unabhängig vom Subjekt; er sucht also „den objectiven Begriff des Schönen, der sich eo ipso auch zu einem objectiven Grundsatz des Geschmacks qualificirt".[12]

Kunst wird bei Schiller bestimmt als ein sinnliches Phänomen, das nicht von außen, sondern „durch sich selbst bestimmt" sein könne – insofern dürfe man ihm „Freiheitähnlichkeit oder kurzweg Freiheit" zugestehen, allerdings, da Kunstwerke ja Schein sind, nur in der Erscheinung: „Schönheit", so definiert Schiller resümierend, „also ist nichts anders, als Freiheit in der Erscheinung".[13] Frei sei das Kunstwerk darin, dass „es das was es ist durch sich selbst sei",[14] dass die künstlerische Form keinen Grund habe außer sich selbst. Damit nimmt Schiller Karl Philipp Moritz' Bestimmung der Freiheit der Kunst von poetologischen Vorgaben wieder auf – das Schöne als das ‚in sich selbst Vollendete',[15] – die Ablehnung jeder Regelpoetik; die Freiheit von gesellschaftlichen Zwecken scheint hier schon selbstverständlich zu sein, die Abkehr von jeder durch die ältere Aufklärungspoetik vorgegebenen Belehrungs- oder Erbauungsfunktion ist vollständig vollzogen.

Das Kunstwerk vollzieht, schon bei Moritz, allein schon in der künstlerischen Gestaltung des *Gegenstandes* Freiheit – im präzisen Verhältnis zur realen Unfreiheit der Dinge in der realen Welt. Hans Joachim Schrimpf formuliert sehr präzise die Bestimmung von Künstler und Kunst bei Moritz:

12 Schiller an Körner, 21. Dezember 1792, NA 26, S. 170 f.

13 *Kallias*-Brief vom 8. Februar 1793, FA 8, S. 284 f.

14 *Kallias*-Brief vom 18. Februar 1793, FA 8, S. 289.

15 Moritz, Karl Philipp: „Über den Begriff des in sich selbst Vollendeten". In: K. Ph. M.: *Werke*. Frankfurt am Main 1981. Bd. II, S. 543–548.

> Aufgabe des Künstlers ist es, den Prozeß der Verdinglichung des menschlichen Lebens und seiner Welt wieder rückgängig zu machen, die Dinge aus der bloßen ‚Brauchbarkeit' und ‚Nutzbarkeit' zu sich selbst zurückzuholen, sie in ihrem Selbstsein und Selbstwert wiederherzustellen, nicht nur vom zufällig betrachtenden und fühlenden Subjekt her zu fassen, sondern sie um ihren eigenen Mittelpunkt zu versammeln.[16]

Schiller weitet diese Autonomiebestimmung weit über den von Moritz gemeinten Prozess hinaus aus:

> Nicht die Realisierung der Freiheit im Inhalt des Kunstwerks, sondern das Schöne als die bloße Form der Gestaltung, das in seiner offenbaren Harmonie keinem äußeren Zweck, sondern allein seinem inneren Gesetz zu folgen scheint, läßt Freiheit anschaulich werden.[17]

Die Diskussion, die Schiller jetzt, im 5. *Kallias*-Brief (23. Februar 1793) führt, ist bestimmt von den beiden Polen der Freiheit und der Regelhaftigkeit. Damit nämlich das einzelne Ding, das Schöne, überhaupt den menschlichen Verstand ansprechen kann, muss es eine *Form* haben. Form aber ist notwendig, denn ‚die Verbindungsweise des Mannigfaltigen [eines Dings] sei seine Form' (vgl. 2. Brief). Diese Form ist nicht von außen vorgegeben, sondern werde vom Gegenstand selbst bestimmt, von der Natur. „Natur in der Kunstmäßigkeit' definiert er als „Regel, die von dem Dinge selbst zugleich befolgt und gegeben ist".[18] Dieses Ineinander von Selbstbestimmung und Regelbefolgung bezeichnet Schiller mit dem Begriff der Heautonomie, der Selbstgesetzgebung. „Die Form muß im eigentlichsten Sinn zugleich selbstbestimmend und selbstbestimmt sein, nicht bloße Autonomie, sondern Heautonomie muß da sein".[19]

16 Schrimpf, Hans Joachim: *Karl Philipp Moritz*. Stuttgart 1980, S. 94; vgl. zu Moritz ebenfalls: Burdorf, Dieter: *Poetik der Form. Eine Begriffs- und Problemgeschichte*. Stuttgart und Weimar 2001, S. 105–111.

17 Brittnacher, Hans Richard: Art. „Über Anmut und Würde". In: Koopmann, Helmut (Hrsg.): *Schiller-Handbuch* Stuttgart 1998, S. 587–609, hier S. 589.

18 *Kallias*-Brief vom 23. Februar 1793, FA 8, S. 306.

19 Ebd.

Die Gedankenbewegung, die Schiller hier vollzieht, setzt die Linie fort, die bei Moritz mit der Umformulierung des Nachahmungsparadigmas begonnen hatte – die Besinnung auf die schöpferischen Kräfte der Natur –, gehört eng zu Goethes in Italien ausgebildeter, aber nicht explizit theoretisierter Auffassung von der Einheit des Mannigfaltigen im Naturding. Die äußeren, gleichsam regelpoetischen Vorgaben von „Zweckmäßigkeit, Ordnung, Proportion, Vollkommenheit" definiert Schiller um „zur Natur alles Organischen und macht sie dadurch doch wieder zur Bedingung des Naturschönen, welches er wiederum dem Kunstschönen als Maßstab setzt".[20] Die Regeln, nach denen das Kunstwerk geformt wird bzw. werden soll, entspringen also einzig, allerdings idealiter, der Natur; weil damit das Kunstwerk selbst die Regel setzt, die es befolgt, ist es *frei*.

Kunst *ist* aber nicht nur frei, sondern sie *macht* frei, sie erhebt – wie Schiller es anlässlich der Weiterungen seines Freiheitsbegriffes in den Briefen *Ueber die ästhetische Erziehung des Menschen* erarbeitet. Modus und Medium dieser (möglichen) Freiheitserfahrung in der ästhetischen Begegnung ist in erster Linie die *Form*. *Stoff*, Inhalt, das Gegenständliche des Kunstwerks binden den Affekt, die Sinnlichkeit; *Form* ist im besten Fall vollendetes Ergebnis menschlicher Anstrengungen – der Sieg der Form über den Stoff markiert für Schiller die höchste Leistungsfähigkeit der Kunst:

> In einem wahrhaft schönen Kunstwerk soll der Inhalt nichts, die Form aber alles tun; denn durch die Form allein wird auf das Ganze des Menschen, durch den Inhalt hingegen nur auf einzelne Kräfte gewirkt. Der Inhalt, wie erhaben und weit umfassend er auch sei, wirkt also jederzeit einschränkend auf den Geist und nur von der Form ist wahre ästhetische Freiheit zu erwarten. Darin also besteht das eigentliche Kunstgeheimnis des Meisters, daß er den Stoff durch die Form vertilgt; und je imposanter, anmaßender, verführerischer der Stoff an sich selbst ist, je eigenmächtiger derselbe mit seiner Wirkung sich vordrängt, oder je mehr der Betrachter geneigt ist, sich

20 Dommes, Grit: „Kallias, oder über die Schönheit". In: Luserke-Jaqui, Matthias (Hrsg.): *Schiller-Handbuch. Leben – Werk – Wirkung*. Stuttgart, Weimar 2005, S. 382–388, hier S. 386.

> unmittelbar mit dem Stoff einzulassen, desto triumphierender ist die Kunst, welche jenen zurückzwingt und über diesen die Herrschaft behauptet. Das Gemüt des Zuschauers und Zuhörers muß völlig frei und unverletzt bleiben, es muß aus dem Zauberkreis des Künstlers rein und vollkommen wie aus den Händen des Schöpfers gehen. Der frivolste Gegenstand muß so behandelt werden, daß wir aufgelegt bleiben, unmittelbar von demselben zu dem strengsten Ernst überzugehen. Der ernsteste Stoff muß so behandelt werden, daß wir die Fähigkeit behalten, ihn unmittelbar mit dem leichtesten Spiel zu vertauschen.[21]

Die *Form* also ist es, der die Freiheitähnlichkeit der Kunst eingeschrieben ist: Hinsichtlich seiner Formgebung ist das Kunstwerk (he-)autonom, gibt sich ausschließlich selbst die Gesetze, die es befolgt. Die Form aber ist es auch, die den Menschen im Moment der ästhetischen Erfahrung in Freiheit setzt, die den Stoff und die stoffliche Wirkung (Wilhelms „Mitgefühl"!) ‚zurückzwingt' oder gar ‚vertilgt' und damit „auf das Ganze des Menschen" wirkt: Im Moment ästhetischer Erfahrung erfährt der Mensch eine Freiheit – am Kunstgegenstand als Autonomie und an sich als Erhebung –, die ihm die verdinglichende, entfremdende Gegenwart der ausdifferenzierten bürgerlichen Gesellschaft verweigert.[22]

21 *Ueber die ästhetische Erziehung des Menschen*; 22. Brief; FA 8, S. 641.

22 Neben den katastrophalen Auswirkungen der Französischen Revolution, die u. a. einen scharfen Einblick in die Fragilität menschlicher Zivilisiertheit ermöglichten, diagnostiziert Schiller insbesondere im sechsten der Briefe *Ueber die ästhetische Erziehung* sehr scharf und fast protomarxisch Entfremdung als zentrales Moment der Moderne: „Jene Polypennatur der griechischen Staaten, wo jedes Individuum eines unabhängigen Lebens genoß und, wenn es not tat, zum Ganzen werden konnte, machte jetzt einem kunstreichen Uhrwerke Platz, wo aus der Zusammenstückelung unendlich vieler, aber lebloser Teile ein mechanisches Leben im Ganzen sich bildet. Auseinandergerissen wurde jetzt der Staat und die Kirche, die Gesetze und die Sitten; der Genuß wurde von der Arbeit, das Mittel vom Zweck, die Anstrengung von der Belohnung geschieden. Ewig nur an ein einzelnes kleines Bruchstück des Ganzen gefesselt, bildet sich der Mensch selbst nur als Bruchstück aus; ewig nur das eintönige Geräusch des Rades, das er umtreibt, im Ohre, entwickelt er nie die Harmonie seines Wesens" (NA 20, S. 323).

Und genau hier lässt Goethe seinen Romanhelden ankommen im Saal der Vergangenheit: Von allem Anfang der Passage an ist es die *Form*seite des Saales, von der die eigentliche Wirkung ausgeht: „Alle diese Pracht und Zierde stellte sich in reinen architektonischen Verhältnissen dar, und so schien jeder, der hineintrat, über sich selbst erhoben zu sein, indem er durch die zusammentreffende Kunst erst erfuhr, was der Mensch sei und was er sein könne."[23] Auch wenn hier noch die generelle, noch nicht auf Wilhelm bezogene Wirkung des Raums ausgedrückt wird: Spätestens nach der nicht nur mitfühlenden Betrachtung der Gemälde merkt auch Wilhelm, von was eigentlich die Wirkung ausgeht: „Welchen Zauber ahnd' ich in diesen Flächen, diesen Linien, diesen Höhen und Breiten, diesen Massen und Farben!"[24]

Zumindest ist dies beim Wilhelm der ersten Druckfassung von 1795/96 (und allen weiteren Druckfassungen bis zur Ausgabe letzter Hand) so. Schillers erster Brief zu der entsprechenden Stelle macht allerdings deutlich, dass allem Anschein nach die von Goethe übersandte Handschrift Wilhelm und seine Reaktion noch nicht in jedem Detail in der (einzig) bekannten Weise zeigte:

> Über Wilhelms Benehmen im Saal der Vergangenheit, wenn er diesen zum erstenmal mit Natalien betritt, habe ich noch eine Erinnerung zu machen. Er ist mir hier noch zu sehr der alte Wilhelm, der im Hause des Großvaters am liebsten bei dem kranken Königsohn verweilte, und den der Fremde, im ersten Buch, auf einem so unrechten Wege findet. Auch noch jetzt bleibt er fast ausschließend bei dem bloßen *Stoff* der Kunstwerke stehen und poetisiert mir zu sehr damit. Wäre hier nicht der Ort gewesen, den Anfang einer glücklicheren Krise bei ihm zu zeigen, ihn zwar nicht als Kenner, denn das ist unmöglich, aber doch als einen mehr objectiven Betrachter darzustellen, so daß etwa ein Freund, wie unser Meyer, Hoffnung von ihm fassen könnte?[25]

23 *Lehrjahre*; MA 5, S. 541.

24 *Lehrjahre*; MA 5, S. 543.

25 Schiller an Goethe 9. Juli 1796; MA 8.1, S. 215.

In der Schiller vorliegenden handschriftlichen Fassung des 8. Buches[26] scheint die Passage sich auf diejenigen Teile zu beschränken, in denen Wilhelm angesichts der Gemälde emphatisch reagiert, mit Schiller zu reden ‚poetisirt'. Schillers Kritik wäre nicht nachvollziehbar, wenn schon der dann folgende Absatz existiert hätte: „Es war eine Welt, es war ein Himmel, der den Beschauenden an dieser Stätte umgab, und außer den Gedanken, welche jene gebildeten Gestalten erregten, außer den Empfindungen, welche sie einflößten, schien noch etwas andres gegenwärtig zu sein, wovon der ganze Mensch sich angegriffen fühlte. Auch Wilhelm bemerkte es, ohne sich davon Rechenschaft geben zu können."[27]

Goethe reagierte – im Gegensatz zu vielen anderen, z. T. unbedeutenderen Details, auf die Schiller hingewiesen hatte – nicht explizit auf die Anregung, setzt sie aber anscheinend – und auf großartige Weise – um: In der letzten Fassung des achten Buches ist „der alte Wilhelm, der im Hause des Großvaters am liebsten bei dem kranken Königsohn verweilte", nur noch eine Durchgangsstation in der Folge der verschiedenen Stadien ästhetischer Wirkung, die der Saal der Vergangenheit auslöst: Die letzte, höchste Stufe seiner Wirkung entfaltet der Raum nicht mehr über den Stoff des Dargestellten, sondern einzig über die Form: den „Zauber [...] in diesen Flächen, diesen Linien, dieser Höhen und Breiten, diesen Massen und Farben!"[28]

Implizit reagiert Goethe damit auch auf eine grundsätzliche kritische Einschätzung Schillers: Insbesondere im Hinblick auf den Protagonisten des Romans scheint Schiller größere Verständnis- oder Zustimmungsprobleme zu haben, die er nur mit gewisser-

26 Abgesehen vom 7. Buch in einer Abschrift von Goethes Schreiber Geist und Einzelmanuskripten des Lehrbriefs sind alle Handschriften der *Lehrjahre* verschollen bzw. von Goethe vernichtet worden, so daß über die Schiller zugesandte Handschrift hier anhand von Indizien – allerdings m. E. plausibel – diskutiert werden kann (vgl. Schings, Hans-Jürgen: „Zur Textgestalt". In: *Wilhelm Meisters Lehrjahre*; MA 5, S. 699.

27 *Lehrjahre*; MA 5, S. 543.

28 *Lehrjahre*; MA 5, 543; die Schiller-Nationalausgabe (NA Bd. 28) unterstellt fälschlicherweise, Goethe habe die Anregung wohl nicht aufgegriffen – der Text der endgültigen Fassung spricht vehement dagegen!

maßen gewagten Kunstgriffen der Argumentation wegschaffen kann. Erst im Zusammentreffen Wilhelms mit Felix im achten Buch werde im Roman wie im Helden wenigstens ein ganz klein wenig der philosophischen Spekulation als wertvoller Führerin im Menschenleben gedacht – „[n]ur etwas schmal und klein ist das Almosen ausgefallen, das Sie der armen Göttin reichen, und ich weiß nicht, ob man Sie mit dieser kargen Gabe quittieren kann".[29]

> Ich gestehe es, es ist etwas stark, in unserm spekulativischen Zeitalter einen Roman von diesem Inhalt und von diesem weiten Umfang zu schreiben, worin ‚das einzige was not ist'" so leise abgeführt wird – einen so sentimentalischen Charakter, wie Wilhelm doch immer bleibt, seine Lehrjahre ohne Hülfe jener würdigen Führerin vollenden zu lassen. Das schlimmste ist, daß er sie wirklich in allem Ernste vollendet, welches von der Wichtigkeit jener Führerin eben nicht die beste Meinung erweckt.[30]

Schiller fragt unverhohlen: „Aber im Ernste – woher mag es kommen, daß Sie einen Menschen haben erziehen und fertig machen können, ohne auf Bedürfnisse zu stoßen, denen die Philosophie nur begegnen kann?"[31] Hier fragt der Theoretiker, der Idealist, den Realisten: Es muss Schiller schier vor den Kopf stoßen, dass Goethes Held so ganz ohne spekulatives Bedürfnis, ohne Philosophie tatsächlich *gebildet* werden kann – und faktisch dürfte es eine der herausragenden Provokationen des Realisten Goethe sein, dass er Bildung tatsächlich ohne Philosophie und abseits des spekulativen Bedürfnisses für möglich hält und im Roman vorführt.

Schiller muss sich den Roman und seinen Helden zurechtlegen, um mit dieser Provokation zurechtzukommen:

> Ich bin überzeugt, daß dieses bloß der *ästhetischen Richtung* zuzuschreiben ist, die Sie in dem ganzen Roman genommen. Innerhalb der ästhetischen Geistesstimmung regt sich kein Bedürfnis nach

29 Schiller an Goethe 9. Juli 1796; MA 8.1, S. 213.

30 Ebd.

31 Ebd.

> jenen Trostgründen, die aus der Spekulation geschöpft werden müssen; sie hat Selbstständigkeit, Unendlichkeit in sich; nur wenn sich das Sinnliche und das Moralische im Menschen feindlich entgegen streben, muß bei der reinen Vernunft Hülfe gesucht werden. Die gesunde und schöne Natur braucht, wie Sie selbst sagen, keine Moral, kein Naturrecht, keine politische Metaphysik. Sie hätten eben so gut auch hinzusetzen können, sie braucht keine Gottheit, keine Unsterblichkeit um sich zu stützen und zu halten. Jene 3 Punkte, um die zuletzt alle Spekulation sich dreht, geben einem sinnlich ausgebildeten Gemüt zwar Stoff zu einem poetischen Spiel, aber sie können nie zu ernstlichen Angelegenheiten und Bedürfnissen werden.[32]

Ob Wilhelm tatsächlich eine dieser ‚ästhetischen Naturen' sei, muss Schiller zumindest leise in Zweifel ziehen; er erinnert daran, „daß unser Freund jene ästhetische Freiheit noch nicht so ganz besitzt, die ihn vollkommen sicher stellte, in gewisse Verlegenheiten nie zu geraten, gewisser Hülfsmittel (der Spekulation) nie zu bedürfen".[33] Wilhelm sei einerseits ein sentimentalischer – also nachdenklich-reflexiver – Charakter, entbehre aber gefährlicherweise jeder Basis an philosophischer Bildung: „Ihm fehlt es nicht an einem gewissen philosophischen Hange, der allen sentimentalen Naturen eigen ist, und käme er also einmal ins Spekulative hinein, so möchte es, bei diesem Mangel eines philosophischen Fundaments, bedenklich um ihn stehen; denn nur die Philosophie kann das Philosophieren unschädlich machen; ohne sie führt es unausbleiblich zum Mystizism".[34] Sehr hellsichtig liest Schiller die „Bekenntnisse einer Schönen Seele" als gewissermaßen warnendes Exempel des Irrwegs eines Mystizismus: „Die Stiftsdame selbst ist ein Beweis dafür. Ein gewisser ästhetischer Mangel machte ihr die Spekulation zum Bedürfnis, und sie verirrte zur Herrenhuterei, weil ihr die Philosophie nicht zu Hülfe kam; als Mann hätte sie vielleicht alle Irrgänge der Metaphysik durchwandert".[35]

32 Schiller an Goethe 9. Juli 1796; MA 8.1, S. 213 f.

33 Schiller an Goethe 9. Juli 1796; MA 8.1, S. 214.

34 Ebd.

35 Ebd.

Schiller ist sich durchaus bewusst, dass er Goethe hier mit einem ihm fremden Zugang zum literarischen Schreiben sowohl als auch zum Menschen im Allgemeinen konfrontiert. Nichtsdestoweniger wünscht er, Goethe möge die Charakteristik Wilhelms, vor allem nach „Abschluss" seiner Lehrjahre, im Sinne einer ästhetischen Natur schärfen: „Nun ergeht aber die Foderung an Sie [...], Ihren Zögling mit vollkommener Selbstständigkeit, Sicherheit, Freiheit, und gleichsam architektonischer Festigkeit so hinzustellen, wie er ewig stehen kann, ohne einer äußern Stütze zu bedürfen"[36]; nur so könne er durch seine „ästhetische Reife [...] über das Bedürfnis einer philosophischen Bildung, die er sich nicht gegeben hat, vollkommen hinweggesetzt sehen."[37] Schiller ist aber, im Rahmen seiner Konzeption von Idealismus und Realismus in seiner Abhandlung „Ueber naive und sentimentalische Dichtung", im Zweifel, ob Wilhelm bzw. Goethe dies gelingen mag: „Es fragt sich jetzt: ist er Realist genug, um nie nötig zu haben, sich an der reinen Vernunft zu halten? Ist er es aber nicht – sollte für die Bedürfnisse des Idealisten nicht etwas mehr gesorgt sein?"[38] Die Frage, die Schiller sich hier gefallen lassen muss, ist diejenige, ob er nicht noch immer einem letztlich aufgeklärten Figurenkonzept im Sinne modellhafter Figuren anhängt, demzufolge literarische Figuren einem gedanklichen Konzept – gewissermaßen in Reinform – zu folgen hätten. Goethe kann dieser Anregung nicht folgen, da eine solcherart ideell-konzeptionelle Figurenanlage seinem „realistischen Tic"[39] zuwiderläuft: Eine Figur ist nicht, wie sie sein *soll*, sondern wie sie, in der Wirklichkeit, *ist*! Damit sind aber letztlich auch völlig unterschiedliche Wirkungskonzepte von Literatur verbunden!

Schiller räumt ein, dass, um seinen Vorschlag umzusetzen, möglicherweise gar nicht mehr viel getan werden müsse – Goethe solle nur „die Materien quaestionis nicht *umgehen*, sondern ganz auf [seine] Weise lösen".[40] „Sie haben den Oheim schon sehr vieles sagen lassen, und auch Meister berührt den Punkt einigemal

36 Ebd.

37 Ebd.

38 Ebd.

39 Schiller an Goethe 9. Juli 1796; MA 8.1, S. 211.

40 Schiller an Goethe 9. Juli 1796; MA 8.1, S. 214.

sehr glücklich; es wäre also nicht so gar viel mehr zu tun."[41] Schiller weiß sehr genau, dass auch Goethe das Wilhelm abgesprochene spekulative Bedürfnis nicht habe – und dass der Protagonist in diesem Sinne seinem Schöpfer sehr ähnlich sei: „Was bei Ihnen selbst alles spekulative Wissen ersetzt, und alle Bedürfnisse dazu Ihnen fremd macht, wird auch bei Meistern vollkommen genug sein."[42] Und Schiller weiß ebenfalls, dass die Schreibweise, der Stil Goethes möglicherweise mit den spekulativen Ideen, die er zuvor geäußert hat, nicht kompatibel sein mag – so wie das eigene Denken Schillers nur schwerlich goethisch ausgedrückt werden könne: „Könnte ich nur in Ihre Denkweise dasjenige einkleiden, was ich im Reich der Schatten [„Das Ideal und das Leben"] und in den ästhetischen Briefen, der meinigen gemäß, ausgesprochen habe, so wollten wir sehr bald einig sein".[43]

Goethes Wilhelm gebraucht im Saal der Vergangenheit selbstverständlich nicht die ‚Hülfsmittel der Spekulation' bzw. der Philosophie – nichts weniger als das! Er kann sich über das, was ihm begegnet, keine „Rechenschaft" geben, kann das Ganze des Saals weder „begreifen" noch die Teile sich „zueignen", den vollständigen ästhetischen „Zauber" kann er nur „ahnden"![44] Für Schiller eigentlich provozierend lässt Goethe seinen Wilhelm zum Ziele ästhetischer Erfahrung kommen *ohne Philosophie*, macht ihn letztlich zu einer ‚ästhetischen Natur', führt ihn zu einer „ästhetische[n] Freiheit […], die ihn vollkommen sicher stellte, in gewisse Verlegenheiten nie zu geraten, gewisser Hülfsmittel (der Spekulation) nie zu bedürfen".[45]

41 Schiller an Goethe 9. Juli 1796; MA 8.1, S. 214 f.

42 Schiller an Goethe 9. Juli 1796; MA 8.1, S. 214.

43 Schiller an Goethe 9. Juli 1796; MA 8.1, S. 215.

44 Vgl. *Lehrjahre*; MA 5, S. 543.

45 Schiller an Goethe 9. Juli 1796; MA 8.1, S. 214.

## *Schluss*

Damit aber lässt Goethe seinen Romanhelden wirklich ankommen: Die Integration in die Turmgesellschaft ist mit dem Ende des siebenten Buches vollzogen ebenso wie die Anerkenntnis der Vaterschaft gegenüber Felix. Die Theaterleidenschaft ist abgelegt und als (nicht wenig lehrreicher) Irrweg erkannt. Die Verwirrung um seine Zukunft ist zwar noch lange nicht gehoben: Noch in der gleichen Szene, noch im Saal der Vergangenheit tritt Therese mit Mignon und Felix ein und begrüßt Wilhelm in Anwesenheit ‚seiner' Amazone als „Mein Freund! mein Geliebter! mein Gatte!"[46] – und in Wirklichkeit will ja auch Therese jemand anderen! Mignon stirbt, ebenfalls in gleicher Szene, der Harfner folgt ihr alsbald – noch vielfältige Handlungsstränge sind abzuschließen, Knoten zu lösen.

Und nichtsdestoweniger ist Wilhelm Meister hier, im Saal der Vergangenheit, für einen Moment lang am Ziel: Goethe führt seinen Helden in das kunstvolle Arrangement eines Raumes, der als Gedenkraum für eine Familie geschaffen ist – der aber viel mehr leistet. In der Szene begegnet Wilhelm Kunstwerken – in Architektur, Skulptur und Bildnis, in einer späteren Szene im selben Saal ergänzt durch Literatur und Musik. Das allerdings, was er dort sehen und zur Kenntnis nehmen kann, ist nicht das trübe Totengedenken vergangener Zeiten, ist auch nicht bloßes Kunstwerk, sondern die ahndungsvolle Erfahrung dessen, „was der Mensch sei und was er sein könne." Was Wilhelm hier durch die Begegnung mit dem ideal komponierten Kunstwerk erlebt, ist in ganz direktem, aber eben nicht philosophisch-sprachlich vermittelbarem Sinne, die Begegnung mit demjenigen, was den Menschen ausmacht: Das ganze menschliche Leben entfaltet sich vor ihm in exemplarischen bildhaften Gestalten, was aber mehr ist: Der *ganze Mensch* Wilhelm wird von der künstlerischen Wirkung erfasst.

Damit hat der Held den „alte[n] Wilhelm, der im Hause des Großvaters am liebsten bei dem kranken Königssohn verweilte"[47]

46 *Lehrjahre*; MA 5, S. 545.

47 Schiller an Goethe 9. Juli 1796; MA 8.1, S. 215.

endgültig hinter sich gelassen; der ‚alte Wilhelm', der sich identifikatorisch – nur in Aurelie bis ins Tödliche gesteigert – in Tankred, Prinz Harry oder Hamlet hineinliest, bei dem also ästhetisches Agieren nur über den Modus des Mitgefühls, des bloßen Stoffes verläuft, wird hier – und zwar letztlich durch einen von Schiller angeregten Eingriff in den Text, der zwischen Handschrift und erster Druckfassung liegt – abgelöst durch eine ästhetische Natur. Allein schon die Existenz des gesamten achten Buches, insbesondere aber diese Szene im Saal der Vergangenheit lässt ermessen, wie unrecht der Abbé am Ende des siebenten Buches hat und behält, wenn er Wilhelm aus dem Initiationsritus entlässt: „Heil dir junger Mann! Deine Lehrjahre sind vorüber, die Natur hat dich losgesprochen."[48]

48 *Lehrjahre*; MA 5, S. 499.

*Helmut Hühn*

# Literatur, Natur, Gesellschaft: Goethes *Wahlverwandtschaften*

Wie liest man einen der meistinterpretierten Romane der deutschen Literaturgeschichte? Einen Roman, in dessen Lektüren und Interpretationen sich nicht nur die Geschichte der Goethe-Philologie spiegelt, sondern sich auch die Paradigmenwechsel der Literaturwissenschaft in den letzten 200 Jahren abzeichnen? Schon Goethes Zeitgenossen lesen die *Wahlverwandtschaften* intensiv und gelangen dabei zu sehr disparaten Ergebnissen. Daran hat sich bis heute, wie ein Blick in die neuere Forschung zeigt, nicht viel verändert. Das darf als ein besonderes Qualitätszeichen des Textes, als ein „Kriterium seines Ranges" gelten.[1] Kunstwerke sind Kraftfelder von geistigen Energien. Die Wirkungs- und die Rezeptionsgeschichte der Werke, ihr, mit Walter Benjamin gesprochen, „Leben" und „Fortleben"[2], entfalten diese Energien und lassen sie zutage treten. Werke leben und verändern sich in immer neuen Lektüren.

Entstanden sind die *Wahlverwandtschaften* in einem relativ kurzen Zeitraum. Am 11. April 1808 findet sich die erste Erwähnung des Titels in Goethes Tagebuch, Ende Oktober 1809, also etwa eineinhalb Jahre später, erscheint der Roman in der Cotta'schen Verlagsbuchhandlung. Schon am 9. Oktober 1809 hält der Autor die beiden Bände mit jeweils 18 Kapiteln in seinen Händen. *Die Wahlverwandtschaften* waren ursprünglich vorgesehen als eine Novelleneinlage für *Wilhelm Meisters Wanderjahre*

1 Heinz Härtl (Hrsg.), „Die Wahlverwandtschaften". Eine Dokumentation der Wirkung von Goethes Roman 1808–1832. Reprint der Erstausgabe mit neuen Funden als Anhang, Göttingen 2013 [= Härtl], S. XIII; vgl. Helmut Hühn (Hrsg.), Goethes „Wahlverwandtschaften". Werk und Forschung, Berlin, New York 2010.

2 Vgl. Walter Benjamin, in: Gesammelte Schriften, unter Mitwirkung von Theodor W. Adorno und Gershom Scholem hrsg. von Rolf Tiedemann und Hermann Schweppenhäuser, 7 Bde., Frankfurt am Main 1991, Bd. 4, S. 170.

*oder die Entsagenden*, einen Roman, den Goethe 1807 begonnen hatte und dessen zweite Fassung er erst 1829 abschließt.[3] Die Novelle verselbständigt sich und wächst zu einem eigenen Roman heran. Das Studium von Goethes Tagebüchern und Briefen lässt erkennen, dass der Text in zwei intensiven Arbeitsperioden entstand, einer im Jahr 1808 in Karlsbad von Juni bis August, und einer zweiten in Jena ein Jahr später. Die Kuraufenthalte in Karlsbad waren für Goethe produktiv. Fern von den Alltagsgeschäften des Ministers, in anregender Atmosphäre, fand er die Muße zum Dichten; auch in Jena kann Goethe ungestört und konzentriert arbeiten. Von Mai bis September 1809 ist er immer wieder für einen längeren Zeitraum in der Universitätsstadt, um die *Wahlverwandtschaften* abzuschließen.[4] Als äußerst praktisch erweist sich auch die Nähe zum Jenaer Verleger Frommann, der die *Wahlverwandtschaften* für Cotta druckt.[5] Kapitel werden umdiktiert und Revisionen vorgenommen. Korrekturen des Gedichteten erfolgen bis Ende Juli 1809 parallel mit der Weiterentfaltung des Stoffs. Am 1. August des Jahres heißt es in einem Brief Goethes aus Jena an seine Frau Christiane:

> Wir haben den Druck des Romans angefangen, ohne zu wissen, wie wir damit zu Ende kommen wollen. Indessen, wenn wir den August und September gut anwenden, so ist Hoffnung, daß wir damit fertig werden.[6]

Goethe hat sich mit dem Druck des ersten „Theils“ im Juli 1809 also selbst unter Zugzwang gesetzt. Er musste nun den Abschluss der dichterischen Arbeit am zweiten Band des Romans finden

3 Vgl. zur Erwähnung eines schon „weit gediehen[en]“ Schemas der *Wahlverwandtschaften* Johann Wolfgang von Goethe, Tag- und Jahres-Hefte zu 1807, WA I 36, S. 28.

4 Vgl. auch Tag- und Jahres-Hefte zu 1809, WA I 36, S. 43.

5 Vgl. Goethe und Cotta: Briefwechsel 1797–1832. Textkritische und kommentierte Ausgabe in drei Bänden hrsg von Dorothea Kuhn, Stuttgart 1979–1983, Bd. 3, 1, S. 259; Quellen und Zeugnisse zur Druckgeschichte von Goethes Werken. Bearbeitet von Waltraud Hagen u. a. 4 Bde., Berlin 1966–1986, Bd. 4, Nr. 372.

6 Härtl, Nr. 104, S. 45.

und damit die definitive Gestalt des Ganzen hervorbringen. Das ist ihm – anders als bei seinem letzten Roman, den *Wanderjahren* – schnell geglückt. Schon der erste Teil des Werkes entsteht gleichsam im Fluge: Am 11. April 1808 heißt es im Tagebuch: „An den kleinen Erzählungen schematisiert besonders den *Wahlverwandtschaften* und dem *Mann von 50 Jahren*."[7] Und am 1. Mai desselben Jahres lässt der Autor im Tagebuch notieren: „Gegen 8 Uhr von Jena [nach Weimar] weggefahren. Schöne Witterung. Hofrath Meyern die erste Hälfte der *Wahlverwandtschaften* erzählt."[8]

Die erste Fassung des Romans in Gestalt von 18 Kapiteln ist am 30. Juli des Jahres abgeschlossen. Ende August 1808 werden die ersten Überlegungen zu einer bedeutenden Erweiterung angestellt, die dann etwa ein Jahr später abgeschlossen wird. Erhalten ist einzig ein „Schema" in der Handschrift Friedrich Wilhelm Riemers zum ersten Teil des Werkes aus dem Frühsommer 1809. Das Werk entsteht aber, wie Tagebuch-Einträge zeigen, aus einem Prozess fortwährenden Schematisierens heraus.

Bevor ich meine eigene Lektüre präsentiere und das Verhältnis von Literatur, Naturforschung und Gesellschaft in Goethes *Wahlverwandtschaften* bedenke, sei der Inhalt des Romans kurz vor Augen gestellt. Ich greife zurück auf Rolf Vollmanns *Roman-Verführer Die wunderbaren Falschmünzer*. Die witzigen Elemente stammen von Vollmann, die ernsten Bemerkungen habe ich in seine Zusammenfassung ‚hineingeschmuggelt':

> In ihrer Jugend waren Charlotte und Eduard ein *schönes* Paar, dann mussten sie beide anderswohin heiraten, dann verwitweten beide, jetzt sind sie endlich Eheleute, wohnen auf ihrem Schloss, aber was sollen sie jetzt tun? Sie laden Eduards Jugendfreund, den Hauptmann, und Charlottes Pflegetochter Ottilie ins Haus, und nun kommt Leben ins Leben. Eduard und die junge Pflegetochter verfallen einander. Es sieht für einen Moment aus als könnte die Liebe die Welt umkehren, als könnte der Himmel auf der Erde eingerichtet werden. Auch Charlotte und der Jugendfreund fangen sich zu lieben an. Charlotte kriegt noch ein Kind. Es stammt aus einem „doppelten

7 Ebd., Nr. 1, S. 29.

8 Ebd., Nr. 2.

> Ehebruch durch Phantasie", und es scheint, als ob es die Gesichtszüge der im Zeugungsakt eingebildeten Geliebten trüge. Und was ist das Resultat nach anderthalb Jahren? In einer kleinen hübsch restaurierten Kapelle ruht tot das Kind und tot liegt Ottilie dort und Eduard weiß nichts anderes als ihr nachzusterben. Und was aus den Zurückgebliebenen, was aus Charlotte und was aus dem Hauptmann wird, weiß keiner.[9]

Der Leser wird aus diesem Werk entlassen mit zwei Sätzen voll „flackernder Zweideutigkeit",[10] die den verstorbenen Liebenden gelten. So zweideutig wie der letzte Satz ist, so ‚unzuverlässig' ist auch der Erzähler des Romans:

> So ruhn die Liebenden neben einander. Friede schwebt über ihrer Stätte, heitere verwandte Engelsbilder schauen vom Gewölbe auf sie herab, und welch ein freundlicher Augenblick wird es sein, wenn sie dereinst wieder erwachen.[11]

Die Zweideutigkeit kommt durch das „wenn" zum Ausdruck. Man kann es *temporal* lesen: dann, wenn die Liebenden in Zukunft erwachen. Man kann es aber auch *konditional* lesen: falls sie überhaupt noch einmal erwachen werden. Die Deutung auch dieses Schlussbildes polarisiert die Lektüren bis heute. „Er sei zu Kreuze gekrochen, haben die einen Interpreten dem 60jährigen Autor vorgeworfen, er habe Christlich-Nazarenisches nur parodiert, die anderen".[12] Im letzten Drittel des 19. Jahrhunderts machen Interpreten wie der Philosoph und Theologe David

9 Vgl. Rolf Vollmann, Die wunderbaren Falschmünzer. Ein Roman-Verführer, 1800–1930, Frankfurt am Main 1997, S. 57 f.

10 Peter von Matt, „Diese magnetische Anziehungskraft". Dankesrede für den Goethepreis der Stadt Frankfurt, in: FAZ, 29. April 2014.

11 Johann Wolfgang von Goethe, Die Wahlverwandtschaften (II, 18), WA I 20, S. 416.

12 Wolfgang Frühwald, Der ‚romantische' Goethe. Esoterik und Mystik in dem Roman „Die Wahlverwandtschaften" und im „West-östlichen Divan", in: Vielfalt der Perspektiven. Wissenschaft und Kunst in der Auseinandersetzung mit Goethes Werk, hrsg. von Hans-Werner Eroms, Hartmut Laufhütte. Passau 1984, S. 165–177, hier S. 168.

Friedrich Strauß die Differenz von Autor und Erzähler geltend und vermuten, dass ein solches ästhetisches Hindeuten auf ein dereinstiges gemeinsames Wiedererwachen der Verstorbenen „nur ein Reflex ohne Rückhalt in den Überzeugungen des Dichters oder des ihm ebenbürtigen Lesers“ sei.[13] Wie Christoph Martin Wieland überliefert, war Goethe der Meinung, das Buch müsse „*dreimal* gelesen werden [...].“[14] Mehr als zwanzig Jahre nach dem Erscheinen der *Wahlverwandtschaften* bestätigt der Dichter diese Einschätzung: In dem Roman stecke „mehr, als irgend jemand bei einmaligem Lesen aufzunehmen imstande wäre.“[15] In der Tat erschließen sich die komplexen Motivverknüpfungen und -entfaltungen ebenso wie die Verbindungen und Spiegelungen zwischen den beiden Büchern erst bei mehrmaliger Lektüre.

Im Folgenden werde ich in drei Schritten vorgehen und dabei immer auf das Ganze der Darstellung Bezug nehmen. In einem *ersten* Schritt führe ich noch weiter in die Grundidee[16] des Romans ein, und zwar anhand einer Selbstanzeige des Werkes, die Goethe im Herbst 1809 in Cottas *Morgenblatt für gebildete Stände* veröffentlichte. Diese Anzeige expliziert nicht nur den Titel des Romans, sondern verdeutlicht auch den experimentellen Rahmen des Gesamtprojekts, den es zu verstehen gilt (I.). In einem *zweiten* Schritt möchte ich zu zeigen versuchen, was es heißt, dass die *Wahlverwandtschaften* ein ‚naturwissenschaftlicher‘ Roman sind. Gemeint ist damit nicht nur, dass Goethe auf Theoreme und Verfahren der zeitgenössischen Naturforschung

13 David Friedrich Strauß, Der alte und der neue Glaube. Ein Bekenntniß (1872), in: Karl Robert Mandelkow (Hrsg.), Goethe im Urteil seiner Kritiker, Teil 3, München 1979, S. 9.

14 Härtl, Nr. 328 (Brief von Goethe an Charlotte Geßner vom 10. Februar 1810), S. 137.

15 Ebd., Nr. 551 (Zu Eckermann, 9. Februar 1829), S. 333, vgl. Johann Wolfgang von Goethe, Sämtliche Werke. Briefe, Tagebücher und Gespräche, hrsg. von Friedmar Apel u. a. 40 Bände, Frankfurt am Main 1985–1999 [= FA], Bd. II 12, S. 303.

16 Vgl. ebd., Nr. 124 (Brief von Goethe an Karl Friedrich Zelter vom 26. August 1809), S. 48.

zurückgreift, mit ihnen literarisch operiert. Die Theoreme, die heute nicht mehr in der Weise von sich reden machen wie zu Goethes Zeiten, werden zum Gegenstand der kritischen Reflexion. Das literarisch Reflektierte betrifft aber nicht nur die Praxis und den Geltungsanspruch zeitgenössischer Naturforschung, sondern zugleich die Leserinnen und Leser in ihrem eigenen Subjektsein. Diese haben den provozierenden Deutungsanspruch von Theorien zeitgenössischer Naturforschung zu prüfen.

Zu den Theoremen, von denen ein literarischer Gebrauch gemacht wird, gehören neben der chemischen Wahlverwandtschaft und dem Magnetismus auch der Mesmerismus oder „animalische Magnetismus" und zeitgenössische Zeugungstheorien, die nach der Ähnlichkeit von Eltern und Kindern fragen und diese mit einer somatisierenden Einbildungskraft oder „Sympathie" der Eltern erklären. Das wird ausführlicher darzustellen sein. Der Dichter und Naturforscher Goethe reizt gleichsam die Möglichkeiten aus, die die Denkformen der zeitgenössischen Naturforschung zur Verfügung stellen. Es scheint klar, dass die Literatur jeder Epoche mit dem jeweiligen Stand der Wissenschaften untergründig verknüpft ist. In Goethes Roman tritt diese Verbindung zu Tage: Die wissenschaftliche Neugier der Zeit, mit Peter von Matt zu sprechen, ihre „libido sciendi",[17] wird Gegenstand der literarischen Erzählung und Reflexion (II.). In einem *dritten* Schritt werde ich zeigen, dass die Verbindung von Literatur und Naturforschung in den *Wahlverwandtschaften* nicht nur für sich besteht, sondern zugleich einer Selbstverständigung der Leser über sich selbst und ihre gesellschaftliche Gegenwart dient. Eine Äußerung Goethes am 24. Juli 1809 gegenüber Riemer mag als roter Faden für die Lektüre dienen: „Die sittlichen Symbole in den Naturwissenschaften (zum Beispiel das der ‚Wahlverwandtschaft', vom grossen Bergman erfunden und gebraucht)" seien „geistreicher" als alle übrigen und ließen sich, so der Autor, „eher mit Poesie, ja mit Societät verbinden, als alle übrigen […]."[18]

17 Peter von Matt, Dankesrede (Anm. 10).

18 Härtl, Nr. 94, S. 44.

19 Torbern Bergman, Disquisitio de attractionibus electivis, in: Nova Acta Regiae Societatis Scientiarum Upsaliensis 2 (1775), S. 159–248.

Goethe rekurriert hier auf die im Jahr 1775 publizierte, berühmte chemische Dissertation des schwedischen Naturforschers Torbern Bergman, die in ihrem Titel *Disquisitio de attractionibus electivis*[19] den Begriff der „attractio electiva" eingeführt hat. Die deutsche Bezeichnung ‚Wahlverwandtschaft' geht auf Christian Ehrenfried Weigel zurück und wurde in der Übersetzung von Torbern Bergmans *Vorrede zu H.T. Scheffers chemischen Vorlesungen* 1779 erstmals verwendet.[20] Das deutsche Wort ‚Wahlverwandtschaft' war bis zum Erscheinen von Goethes Roman im Herbst 1809 nur als Terminus in der Chemie gebräuchlich.[21]

„Sittliche Symbole in den Naturwissenschaften" – „Poesie" – „Sozietät", diese Verbindung gilt es auch poetologisch und literaturtheoretisch aufzuklären. Dass auch die „Sozietät" eine wichtige Rolle in der literarischen Versuchsanordnung spielt, bekräftigt der Autor. Ein Gespräch mit Goethe am Vormittag von dessen 59. Geburtstag hält der Sekretär Riemer fest:

> Mit ihm über den neueren Roman, besonders den seinigen [gesprochen]. Er äußerte:
>
> Seine Idee bei dem neuen Roman *Die Wahlverwandtschaften* sei: soziale Verhältnisse und die Conflicte derselben symbolisch gefaßt darzustellen.[22]

Der Roman *Die Wahlverwandtschaften* verbindet nicht allein Literatur und Naturforschung auf besondere Weise, sondern erkundet mittels dieser Verbindung die Gegenwart „sozialer Verhältnisse" und „Conflicte". Diesem Zusammenhang werde ich im dritten Schritt nachgehen. Dabei ist zugleich das literarische Verfahren symbolischer Darstellung zu verdeutlichen (III.).

20 Vgl. Manfred Wenzel, Artikel ‚Wahlverwandtschaft', in: Goethe-Handbuch, Supplemente Bd. 2, Naturwissenschaften, hrsg. von Manfred Wenzel, Stuttgart, Weimar 2012, S. 692.

21 Vgl. auch den Brief von Christian Gottlob von Voigt an Goethe vom 30. September 1809, in: Härtl. Nr. 177, S. 58.

22 Ebd., Nr. 32, S. 33.

## *I. Versuchsanordnungen*

Goethe bedient sich in den *Wahlverwandtschaften*, wie Uwe Pörksen mit Rekurs auf die Selbstanzeige des Werkes entfaltet hat,[23] der kühnen *Rückübertragung* eines „Gleichnisses“ aus der Naturforschung:

> Es scheint, daß den Verfasser seine fortgesetzten physikalischen Arbeiten zu diesem seltsamen Titel veranlaßten. Er mochte bemerkt haben, daß man in der Naturlehre sich sehr oft ethischer Gleichnisse bedient, um etwas von dem Kreise menschlichen Wissens weit Entferntes näher heranzubringen, und so hat er auch wohl in einem sittlichen Falle eine chemische Gleichnisrede zu ihrem geistigen Ursprunge zurückführen mögen, um so mehr, als doch überall nur eine Natur ist und auch durch das Reich der heitern Vernunftfreiheit die Spuren trüber, leidenschaftlicher Notwendigkeit sich unaufhaltsam hindurchziehen, die nur durch eine höhere Hand und vielleicht auch nicht in diesem Leben völlig auszulöschen sind.[24]

Goethe hatte in den gemeinsam mit dem Physiker Thomas Johann Seebeck gehaltenen *Physikalischen Vorträgen*[25] im Rahmen der Mittwochsgesellschaft, die der Konzeption des Roman-Narrativs unmittelbar vorangehen, die Begriffe der Polarität und der Steigerung entwickelt. Diese Vorträge gehen von den Erscheinungsformen des Magnetismus aus, den Goethe immer wieder von neuem als ein elementares Phänomen zu begreifen sucht. Der Magnet vermittelt die Anschauung der Polarität, von + und –,

23 Vgl. Uwe Pörksen, Zur Metaphorik der naturwissenschaftlichen Sprache. Dargestellt am Beispiel Goethes, Darwins und Freuds, in: Neue Rundschau 89 (1978), S. 64–82; ders.: Goethes Kritik naturwissenschaftlicher Metaphorik und der Roman ‚Die Wahlverwandtschaften‘, in: Jahrbuch der deutschen Schillergesellschaft 25 (1981) 285–315; Die Umdeutung von Geschichte in Natur. Das metaphorische Kunststück der Übertragung und Rückübertragung, in: Gegenworte, Heft 9 (2002), S. 12–17; Erkenntnis und Sprache in Goethes Naturwissenschaft, in: Jahrbuch 2011, Leopoldina Reihe 3, 57 (2012), S. 401–416.

24 Härtl, Nr. 138 (Selbstanzeige), S. 50 f.

25 Vgl. Goethe, Physikalische Vorlesungen 1808. MA 9, S. 919–922; 1404 f.

von Anziehen und Abstoßen; sie wird, das zeigen die Notate zu den Vorträgen, „auf die übrigen Gebiete übertragen: auf die Elektrizität, die Chemie, die Optik".[26]

Das von dem englischen Chemiker Humphry Davy entdeckte Phänomen der *chemischen Elektrizität* und der Elektrolyse beschäftigt den Naturforscher Goethe in jenen Tagen bis in den Nachvollzug der Versuchsanordnungen hinein, den der Physiker und Chemiker Seebeck ermöglicht.[27] Entdeckungen auf dem Gebiet der Elektrizität lösen am Ende des 18. Jahrhunderts neue grundlegende Fragen nach einer allen Dingen und Lebewesen innewohnenden Kraft aus, für deren Ursprung man im Rahmen der bisherigen Naturforschung keine Erklärung hatte. Gleichwohl, so die Annahme der Zeitgenossen, musste es sie geben, wenn zwei Körper, ohne sich zu berühren, voneinander beeinflusst wurden.[28] Etwa eine Woche ist Goethe in Weimar mit dem Gelehrten Seebeck im kritischen Gespräch über Siderismus, über „Galvanismus, Mysticismus und dergl."[29] Inmitten der erhaltenen Stichworte zu den *Physikalischen Vorträgen* heißt es am 6. April 1808: „Romanen Motive".[30] Goethe hat also wenige Tage vor der ersten Schematisierung zu der geplanten „kleinen Erzählung" am 11. April, die das Tagebuch festhält, nicht nur über den Phänomenbereich der natürlichen Anziehungs- und Abstoßungskräfte, sondern auch über Romanmotive nachgedacht, die sich daraus ergeben könnten. Die ‚Urszene' der literarischen Fiktion des Romans, der die Erzählung in sich aufnimmt, lässt sich also rekonstruieren. Der Stoff der „kleinen Erzählung" kommt im Roman zu sich selbst.

Die titelgebende Vorstellung von der ‚Wahlverwandtschaft', der ‚attractio electiva', bezeichnet die Reaktionsweise chemischer

26 Pörksen, Goethes Kritik (Anm. 23), S. 295.

27 Vgl. den Brief von Goethe an Friederike Sophie Caroline Augusta Wolzogen vom 24. Februar 1808, WA IV 20, S. 18 f.;

28 Zur poetischen Reflexion der *actio in distans* vgl. das Gedicht *Wirkung in die Ferne*, WA I 1, S. 202 f.

29 Vgl. Goethe, Begegnungen und Gespräche, begründet von Ernst Grumach und Renate Grumach, Bd. 6: 1806–1808, hrsg. von Renate Grumach, Berlin, New York 1999, S. 448 ff.

30 Goethe, Physikalische Vorlesungen 1808, in: MA 9, S. 921.

Stoffe, die eine alte Verbindung aufgeben und aufgrund von ‚näherer Verwandtschaft' die Verbindung mit einem neuen Stoff eingehen. Neben ‚Verwandtschaft' spricht man um 1800 auch gerne von ‚Sympathie', ‚Affinität' oder ‚Attraktion'. „Es gab Verwandtschaftstafeln, Affinitätstabellen. Man liebte chemische Versuche, wo der einfache oder mehrfache Partnertausch demonstriert wurde."[31] Auch musikalisch und literarisch war das Thema einer ‚Liebe im Quartett' um 1800 gefragt, wie Mozarts Oper *Così fan tutte* (Uraufführung 1790) oder Wielands Novelle *Freundschaft und Liebe auf der Probe* aus der Novellensammlung *Das Hexameron von Rosenhain* (1805) zeigen.

Aus der chemischen Theoriebildung heraus, die ein Modell für das Verständnis der Prozesse der Bildung und Trennung zusammengesetzter Substanzen liefern soll, entwickelt Goethe „Romanen Motive". Der Naturforscher Goethe meldet bereits 1796, wie Uwe Pörksen verdeutlicht hat, Vorbehalte gegen die vermenschlichende Denkart an, die den chemischen Stoffen „die Ehre einer Wahl bei solchen Verwandtschaften" zuschreibt, wo oft nur „äußere Determinationen" Trennungen und Verbindungen zustande bringen.[32] Der Ausdruck ‚Wahlverwandtschaften' wird hier also zwiespältig betrachtet: Einerseits sind chemische und menschliche Verhältnisse, auch in der Sprache, auseinander zu halten, andererseits sind diese extrem weit voneinander entfernten Stufen der Natur doch noch, so jedenfalls in der Konsequenz der Selbstanzeige, als Einheit aufgefasst.

In der experimentellen Anordnung des Romans wird nun die problematische anthropomorphe Übertragung umgekehrt, insofern aus der „chemischen Gleichnisrede" eine Anwendung für den „sittlichen Fall" erfolgt, d. h. eine poetische Rückübertragung – aus dem Bereich der Chemie in den der menschlichen, der sozialen und sittlichen Verhältnisse – vorgenommen wird.[33] Die Kühnheit des chemischen Gleichnisses, das die Natur humanisiert, wird in dieser Rückübertragung noch gesteigert. Kühn war

31 Vgl. Pörksen, Die Umdeutung (Anm. 23), S. 12.

32 Goethe, Vorträge, über die drei ersten Kapitel des Entwurfs einer allgemeinen Einleitung in die vergleichende Anatomie, ausgehend von der Osteologie. Zur Morphologie. Ersten Bandes, drittes Heft, in: LA I 9, S. 202 f.

33 Härtl, Nr. 138 (Selbstanzeige), S. 50 f.

es, das Moment der *electio*, der Wahl, im Kontext der Natur anzusetzen, d. h. die naturgegebene Verwandtschaft chemischer Stoffe nach Art der freien Wahl von Personen zu fassen; noch kühner wird es, das Moment der „Verwandtschaft", der *attractio* bzw. *affinitas*, versuchsweise auf soziale Verhältnisse anzuwenden und damit nun umgekehrt die Sphäre des Humanen zu naturalisieren.

Die chemische Figur der „doppelten Wahlverwandtschaft", der „attractio electiva duplex", wird im Roman als ein Modell entworfen, simultane Scheidungs- wie Vereinigungsprozesse zwischen individuellen Charakteren zu erzählen. Die Darstellung durch den Hauptmann im sogenannten chemischen Gespräch im vierten Kapitel des ersten Teils ist, wie die Forschung gezeigt hat, der Erörterung der Verwandtschaftslehre durch den Jenaer Chemiker Johann Friedrich August Göttling verpflichtet.[34] Göttling, der die erste Professur für Chemie an der Universität innehatte, veröffentlichte 1792 seinen *Versuch einer physischen Chemie für Jugendlehrer beim Unterricht*, ein Buch, das Goethe gleich nach Erscheinen erworben hatte und das sich – so wie weitere Studien des Autors – heute noch in seiner Bibliothek befindet.[35] „Eine doppelte Wahlverwandtschaft geschiehet", so heißt es bei Göttling,

> wenn zwey Körper, deren jeder aus zwey Bestandtheilen besteht, ihre Bestandtheile verwechseln, so daß eine doppelte Trennung und eine doppelte neue Verbindung dadurch bewirkt wird.[36]

34 Wenzel (Anm. 20), S. 692; vgl. zu Goethes Auseinandersetzung mit Claude Louis Berthollets *Recherches sur les lois de l'affinité* und den Konsequenzen für die Romanpoetik Christoph Hoffmann, „Zeitalter der Revolutionen". Goethes „Wahlverwandtschaften" im Fokus des chemischen Paradigmenwechsels, in: Deutsche Vierteljahrsschrift für Literaturwissenschaft und Geistesgeschichte 67 (1993), S. 417–450.

35 Goethes Bibliothek. Katalog. Bearbeiter der Ausgabe Hans Ruppert, Weimar 1958, Nr. 4613.

36 Johann Friedrich August Göttling, Versuch einer physischen Chemie für Jugendlehrer beim Unterricht, Jena 1792, S. 26 f.

Im Rahmen der poetischen Rückübertragung des Gleichnisses wird die Naturlehre zum Instrument einer Erkundung des Zwischenmenschlich-Gesellschaftlichen: Lässt sich die *menschliche* Welt, die innere, die soziale wie die geschichtlich-politische, unter der Gesetzlichkeit der Natur fassen? Lassen sich Modelle sozialer Prozesse in der Naturforschung entdecken und so Elementarprozesse der Natur und *physique sociale* (Auguste Comte) miteinander kurzschließen? Das hohe Risiko des vergleichenden „Witzes", das in dieser *literarischen* Versuchsanordnung steckt, wird der Prüfung durch die behutsame „Urteilskraft" der Leser unterstellt.[37] Das Experiment, das der Roman mit Blick auf die Leser verfolgt, zielt auf die Frage, inwiefern sich Personen in der „*einen* Natur" erkennen und deren Gesetze in sich wiederentdecken können, und zwar so, dass die Naturbasis menschlichen Lebens anerkannt wird, aber zugleich keine unzulässige ‚sphärenvermengende' Naturalisierung desselben geschieht. Das, so scheint mir, ist der Angelpunkt.

Der Roman ist ein Wagestück. Die literarische Experimentalanordnung bezieht die Leser ausdrücklich ein und stellt ihr Selbstverständnis auf die Probe. Ich spitze zu: Wie können und wie wollen wir uns als Personen selbst verstehen: determiniert oder mit endlicher Freiheit? Wie weit reicht unsere Freiheit? Welche Handlungsspielräume besitzen wir?

Die Erfahrungen können sich über das Medium des literarischen Werkes klären: Der Dichter spricht „breitere Verhältnisse" „darstellend aus",[38] die Leser, die in die Rolle der Beobachter eines Experiments rücken, können die dargestellten Phänomene und Phänomenzusammenhänge prüfen und auf der Basis ihrer eigenen Erlebnisse mit reflektierender Urteilskraft darauf antworten.

37 Vgl. Immanuel Kant, Anweisung zur Menschen- und Weltkenntniß, hrsg. von Friedrich Christian Starke, Leipzig 1831, ND Hildesheim u. a. 1976, S. 109.

38 Vgl. Härtl, Nr. 215 (Brief von Goethe an Karl Friedrich Zelter vom 30. Oktober 1809), S. 66.

## *II. Irritationen: doppelter Ehebruch und „doppelte Ähnlichkeit“*

Der Literaturwissenschaftler Benno von Wiese hat die *Wahlverwandtschaften* „das undurchdringlichste und vielleicht vieldeutigste Buch“ genannt, „das Goethe geschrieben hat.“[39] Nicht nur die Komposition des Romans im Ganzen, auch relevante Details des Gedichteten selbst verursachen bis in die Gegenwart hinein enorme Verständnisschwierigkeiten. Ich konzentriere mich hier auf zwei Merkwürdigkeiten, die als besonders anstößig empfunden wurden und werden: den ‚doppelten Ehebruch‘ und dessen physiognomische Folgen. Beginnen wir mit dem „Knoten“ des ganzen Romans, einer, um an Goethes Novellendefinition zu erinnern,[40] wahrhaft „unerhörten Begebenheit“:

Unter den Besuchern, welche die Bewohner von Eduards Schloss empfangen, findet sich eines Tages ein mit Charlotte und Eduard befreundetes, in illegitimer Verbindung lebendes Paar ein, eine Baronesse und ein Graf, er verheiratet, sie geschieden. Durch freizügige Gespräche mit diesen Gästen wird die Atmosphäre im Schloss erotisch so stark aufgeladen, dass Eduard, der zu diesem Zeitpunkt längst schon Ottilie liebt, seiner Gattin, die sich ihrer tiefen Neigung zu dem Hauptmann bewusst ist, nächtens als Liebender begegnet. In dieser Nacht zeugen sie ein Kind, das den Namen ‚Otto‘ erhalten wird.[41] Eduard schleicht sich des Nachts, nachdem er den Grafen zur Baronesse aufs Zimmer geleitet hat, zu seiner Ehefrau. Die Eheleute umarmen sich in einer Art intimer Verwirrung, beide hat eine „sonderbare Verwechselung“ ergriffen:

> In der Lampendämmerung sogleich behauptete die innre Neigung, behauptete die Einbildungskraft ihre Rechte über das Wirkliche. Eduard hielt nur Ottilien in seinen Armen, Charlotten schwebte der Hauptmann näher oder ferner vor der Seele, und so verwebten,

39 Benno von Wiese, Anmerkungen des Herausgebers zu „Die Wahlverwandtschaften“, in:. HA 6, S. 653.

40 Vgl. Johann Peter Eckermann, Gespräche mit Goethe in den letzten Jahren seines Lebens, 29. Januar 1827, in: FA II 12, S. 221.

41 Allen Figurennamen des Romans ist das Grundelement ‚Ott-‘ gemeinsam.

> wundersam genug, sich Abwesendes und Gegenwärtiges reizend und wonnevoll durcheinander.
>
> Und doch läßt sich die Gegenwart ihr ungeheures Recht nicht rauben. Sie brachten einen Teil der Nacht unter allerlei Gesprächen und Scherzen zu, die um desto freier waren, als das Herz leider keinen Teil daran nahm. Aber als Eduard des andern Morgens an dem Busen seiner Frau erwachte, schien ihm der Tag ahnungsvoll hereinzublicken, die Sonne schien ihm ein Verbrechen zu beleuchten; er schlich sich leise von ihrer Seite, und sie fand sich, seltsam genug, allein, als sie erwachte.[42]

Es handelt sich um einen ‚Ehebruch im Ehebett'.[43] Die Ehegatten finden zueinander nur, weil sie eigentlich zu ihren fernen Geliebten streben. Selbst im Liebesakt gehören sie nicht einander. Im Anderen umarmen sie nicht ihr Gegenüber, sondern allein „Luftgestalt[en]",[44] phantasierte Wesen. Es ist die „innere Neigung", die „Einbildungskraft", die hier über das „Wirkliche", über das Realitätsbewusstsein siegt. Wären wir nicht in einem modernen Roman, sondern in der griechischen Tragödie, so würden wir hier wohl von *Verblendung* zu sprechen haben, von der Ate etwa, die den Sinn (*nous*) der Menschen verwirrt. Die ‚unerhörte Begebenheit', die erzählt wird, ist durchaus charakteristisch für den ganzen Roman. Alle Hauptpersonen unterliegen im Roman wahnhafter Verblendung. Noch kurz vor der Katastrophe tun die Hauptfiguren so, als wäre alles beim Alten:

> So bewegte sich auch in dem täglichen Zusammenleben unserer Freunde fast alles wieder in dem alten Gleise. Noch immer äußerte Ottilie stillschweigend durch manche Gefälligkeit ihr zuvorkommendes Wesen; und so jedes nach seiner Art. Auf diese Weise zeigte sich der häusliche Zirkel als ein Scheinbild des vorigen Lebens, und der Wahn, als ob noch alles beim alten sei, war verzeihlich.[45]

42 Die Wahlverwandtschaften (I, 11), WA I 20, S. 131 f.

43 So Paul Stöcklein, vgl. Johann Wolfgang Goethe: Werke. Hamburger Ausgabe in 14 Bänden. Hrsg. von Erich Trunz. München 1981, Bd. 6, S. 664.

44 Die Wahlverwandtschaften (I, 11), WA I 20, S. 131.

45 Die Wahlverwandtschaften (II, 17), WA I 20, S. 397.

Die radikale Kritik illusionärer Erwartungen manifestiert sich auch in der Szene kurz vor dem Ertrinken des Kindes im Lustsee, als Ottilie und Eduard sich nach langer Zeit zum ersten Mal unverhofft wiedersehen:

> Sie umschlang ihn mit den ihrigen [sc. Armen] und drückte ihn auf das zärtlichste an ihre Brust. Die Hoffnung fuhr wie ein Stern, der vom Himmel fällt, über ihre Häupter weg. Sie wähnten, sie glaubten einander anzugehören; sie wechselten zum erstenmal entschiedene, freie Küsse und trennten sich gewaltsam und schmerzlich.[46]

Es gibt, und das macht der Roman deutlich, auch ein „Recht" der Einbildungskraft, nicht nur eines der Gegenwart. Auch das Recht der Gegenwart ist nicht absolut. Aber wenn die Einbildungskraft zum Wahn wird, in das Innere einbildet, was nicht der Fall ist, und im Äußeren entbindet, was nicht mehr rückgängig zu machen ist, wird das Recht der Gegenwart zu einem „ungeheuren". Einmalig dürfte dieser doppelte, simultane geistige Ehebruch sein im Rahmen der großen Ehebruchsromane der Literatur, deren Reigen mit den *Wahlverwandtschaften* eröffnet wird. Noch vor Gustave Flauberts *Madame Bovary* (1857)[47], vor Leo Tolstois *Anna Karenina* (1878) und vor Theodor Fontanes *Effi Briest* (1896) verknüpft Goethe in seinem Roman Gesellschaftsdarstellung und Ehebruchsproblematik miteinander.

Noch sonderbarer muss erscheinen, dass der *doppelte* Ehebruch zu einer *doppelten* Ähnlichkeit des gezeugten Kindes führt. Anstößig, weil vom Wahrscheinlichen abweichend, ist das Erzählte allemal:

46 Die Wahlverwandtschaften (II, 13), ebd., S. 359.

47 Vgl. zur Motivverarbeitung des Magnetismus bei Gustave Flaubert: Madame Bovary, hrsg. und übersetzt von Edith Edl, München 2014, S. 197 f.: „Vom Magnetismus war Rodolphe allmählich auf die Wahlverwandtschaften zu sprechen gekommen, und während der Herr Vorsitzende auf Cincinnatus hinter seinem Pfluge verwies, auf Diokletian beim Pflanzen seiner Kohlköpfe und auf die Kaiser von China, erläuterte der junge Mann der jungen Frau, diese unwiderstehliche Anziehung habe ihren Grund in irgendeinem früheren Leben."

> Die Feier des Taufactes sollte würdig, aber beschränkt und kurz sein. Man kam zusammen, Ottilie und Mittler sollten das Kind als Taufzeugen halten. Der alte Geistliche, unterstützt vom Kirchdiener, trat mit langsamen Schritten heran. Das Gebet war verrichtet, Ottilien das Kind auf die Arme gelegt, und als sie mit Neigung auf dasselbe heruntersah, erschrak sie nicht wenig an seinen offenen Augen: denn sie glaubte in ihre eigenen zu sehen, eine solche Übereinstimmung hätte jeden überraschen müssen. Mittler, der zunächst das Kind empfing, stutzte gleichfalls, indem er in der Bildung desselben eine so auffallende Ähnlichkeit, und zwar mit dem Hauptmann erblickte, dergleichen ihm sonst noch nie vorgekommen war.[48]

Und die Erzählinstanz des Romans bekräftigt den Sachverhalt an späterer Stelle auf ihre Weise:

> Zu Hause belebte [Charlotte] der Anblick des Kindes; es war gewiß jeder Liebe, jeder Sorgfalt werth. Man sah in ihm ein wunderbares, ja ein Wunder-Kind, höchst erfreulich dem Anblick, an Größe, Ebenmaß, Stärke und Gesundheit, und was noch mehr in Verwunderung setzte, war jene doppelte Ähnlichkeit die sich immer mehr entwickelte. Den Gesichtszügen und der ganzen Form nach glich das Kind immer mehr dem Hauptmann, die Augen ließen sich immer weniger von Ottiliens Augen unterscheiden.[49]

Auch als der Major zum ersten Mal das Kind, und zwar als Leichnam, sieht, erblickt „er, nicht ohne geheimes Grausen sein erstarrtes Ebenbild."[50] Bis weit ins 19. Jahrhundert hinein wurde heftig darüber diskutiert, warum die Kinder ihren Eltern bald gleichen, bald überhaupt nicht. Am dauerhaftesten hielt sich die Überzeugung, dass die Einbildungskraft der *Frau* sowohl beim Akt der Zeugung als auch während der Schwangerschaft die äußere Erscheinung der Kinder bestimme. „Der Züricher Pfarrer Johann Caspar Lavater", der mit seinen Studien über die Physiognomik ganz Europa erregte, „war als Spezialist für Gesichter

48 Die Wahlverwandtschaften (II, 8), WA I 20, S. 300.

49 Die Wahlverwandtschaften (II, 11), ebd., S. 340.

50 Die Wahlverwandtschaften (II, 14), ebd., S. 365.

von dieser Frage natürlich betroffen. [...] Die entscheidende Funktion der mütterlichen Einbildungskraft [auf die Physiognomie des Kindes] war für ihn erwiesen.“[51]

Goethe verbindet in seinem Roman nun die erwähnte Zeugungstheorie mit der Theorie vom Magnetismus zwischen lebenden Wesen. Die Lehre vom „animalischen Magnetismus“, einem elektromagnetischen Rapport zwischen Menschen, war von dem schwäbischen Arzt Franz Anton Mesmer begründet worden. Im Umkreis der romantischen Naturphilosophie blühen diese Theoreme wieder auf. Karl Eberhard Schelling, der Bruder des Philosophen, einer der bekanntesten Mediziner und Naturphilosophen der Romantik, weist 1807 im Rahmen seiner Untersuchungen zum „thierischen Magnetismus“ auf die Bedeutung der *väterlichen* Einbildungskraft hin:

> Ein gleiches übt auch der Vater auf die plastische Kraft der Mutter aus, wenn er dieselbe veranlasst, den Foetus mehr oder minder nach seinem Bilde auszuprägen. Gewöhnlich sagt man, hieran seye die Einbildungskraft von Seiten der Mutter Schuld, und allerdings ist es auch *eine* Einbildungskraft, die dies bewirkt, nur nicht gerade eine solche, wie man sie sich gewöhnlich vorstellt.[52]

Schelling will damit die Dynamik einer „passiven Sympathie“ herausstreichen. Die Bedeutung, die der zeitgenössisch intensiv diskutierte „thierische Magnetismus“[53] für die Gesamtanlage des Romans besitzt, ist kaum zu überschätzen. Telepathie, Hellsehen,

51 Johann Caspar Lavater, Physiognomische Fragmente. Zur Beförderung der Menschenkenntniß und Menschenliebe. Vierter Versuch, Leipzig, Winterthur 1778, S. 69.

52 Karl Eberhard Schelling, Ideen und Erfahrungen über den thierischen Magnetismus, in: Jahrbücher der Medicin als Wissenschaft, Band 2, hrsg. von Adalbert Friedrich Marcus/Friedrich Wilhelm Joseph Schelling. Tübingen 1807, S. 3–29, hier S. 15 f.

53 Vgl. Michael Holtermann, „Thierischer Magnetismus“ in Goethes Roman „Die Wahlverwandtschaften“, in: Jahrbuch der Deutschen Schillergesellschaft 37 (1993) S. 164–197; Jürgen Barkhoff, Tag- und Nachtseiten des animalischen Magnetismus. Zur Polarität von Wissenschaft und Dichtung bei Goethe, in: Peter Matussek (Hrsg.), Goethe und die Verzeitlichung der Natur. München 1998, S. 75–100.

tranceartige und somnambule Zustände, Gesteinsfühligkeit kommen in den *Wahlverwandtschaften* vor. Die Gestaltung der Hauptfigur Ottilie wie die Provokation der doppelten Ebenbildlichkeit mit den ‚verkehrten Eltern' wäre ohne Rekurs auf diese zeitgenössische Theorie nicht denkbar. Die Narration von der merkwürdigen Ähnlichkeit des Kindes, von der Beteiligung der imaginär anwesenden Miterzeuger, verknüpft also, so scheint es, auf dem Boden zeitgenössischer Erkenntnisbemühungen die Theorien miteinander zu einer Herausforderung für die Leser. Sie übertrifft diese gewissermaßen, bringt mütterliche wie väterliche Einbildungskraft in eine simultane Ko-operation. Der Autor vollzieht im Medium der Literatur und mit ihren Mitteln ein Experiment. Was sagen zeitgenössische Leser zu dieser ‚Zeugung zu viert'? Zwei sprechende Zeugnisse seien hier vorgestellt. August Wilhelm Rehberg betont in einer Rezension, die in der *Allgemeinen Literatur-Zeitung* am 1. Januar 1810 erscheint:

> Die unbegreifliche Aehnlichkeit eines Kindes mit zwey Personen, welche die Herzen der Aeltern in dem Augenblicke beschäftigten, da der wunderbare Zwitter entstand, wird vielen Leserinnen Angst machen – das ist anziehend.[54]

Der Philosoph Friedrich Heinrich Jacobi bringt das „Aergerniß" präzise auf den Punkt, wenn er am 12. Januar 1810 an Friedrich Köppen schreibt:

> Die zwiefache Aehnlichkeit des Kindes und ihre Ursache, hat uns im höchsten Grade empört, und diese Angelegenheit ist doch die Seele des Buchs.[55]

Das Phänomen der doppelten Ebenbildlichkeit steht paradigmatisch für das erzählerische Insistieren auf der Vieldeutigkeit der Wirklichkeitsbezüge, die bis heute Leser und Interpreten des Romans verunsichern kann.

54 Härtl, Nr. 291 („Die ‚Wahlverwandtschaften'. Ein Roman von Goethe"), S. 105.

55 Ebd., Nr. 305, S. 112 f.

## *III. Die humane und soziale Dimension der Rückübertragung einer Metapher*

„Die Resultate der Literatur“, Peter von Matt hat zu Recht darauf hingewiesen, „stehen nie ausformuliert im Text. Die Resultate der Literatur entwickeln sich in uns, den Leserinnen und Lesern. Deshalb sind sie immer neu und brandaktuell.“[56] Bei dem literarischen Experiment der *Wahlverwandtschaften* kommen wir, die Leser, in die Position des Beobachters. Wir müssen den Vollzug des Experiments nachvollziehen, müssen zu verstehen suchen, wie es angelegt ist, und beurteilen, was es zeigt. Der Schritt vom Experiment und seinen Ergebnissen zur Interpretation des Befunds birgt, wie Goethe in seinen Schriften zur Methodologie der Naturwissenschaften immer wieder herausgestellt hat, Gefahren der Missdeutung in sich. Literatur kann vieles von den Debatten der zeitgenössischen Naturforschung ‚nachstellen‘ wie im Falle der *Wahlverwandtschaften*, aber sie tut es in dem ihr eigenen Vermögen, die humane und soziale Dimension dieser Forschung zu vergegenwärtigen. In diesem Sinne spricht Goethe – nach Riemer – davon, seine „Idee“ bei dem neuen Roman sei gewesen, „soziale Verhältnisse und die Conflicte derselben symbolisch gefaßt darzustellen“. Der Autor wählt die Darstellungsform symbolischer Verdichtung. Bewusst wird nur ein Ausschnitt von Welt in den Blick gerückt, ein anonymisierter Schauplatz bis in die Details der Topographie und der Landschafts(um)gestaltung hinein als „symbolisches Local“[57] gestaltet, wird eine kleine Zahl von komplementären Haupt- und Nebenfiguren kunstvoll angeordnet[58] und eine überschaubare Handlung mit zwei parallelen Strängen in ihrer inneren Konsequenz vorgeführt. Auf diese Weise gewinnt die „durchgreifende Idee“[59] Gestalt. Symbolische Darstellung verlangt Beschränkung, Reduktion auf das Wesentliche und konsequente Engführung. Am Detail wird das Ganze sichtbar.

56 Von Matt, Dankesrede (Anm. 10).

57 Goethe, Paralipomena, Vorarbeiten und Bruchstücke, WA I 47, S. 290.

58 Vgl. Härtl, Nr. 222, S. 68.

59 Ebd., Nr. 539 (Gespräch mit Eckermann, 6. Mai 1827), S. 327.

Der Roman versucht, soziale Verhältnisse und Konflikte in den Blick zu rücken, sie durch Symbolisierung kenntlich und fassbar zu machen. Von „Verhältnissen" spricht der Dichter wohl in einem ganz weiten, von „sozial" in einem primär zwischenmenschlichen Sinn. Mittels einer literarischen Fiktion, die die Naturforschung als *Perspektiv*[60] benutzt, werden anhand einer Kleingruppe das Lebensgefüge und die Dynamik des Sozialen erschlossen. Die Bandbreite des literarisch Vergegenwärtigten reicht von den Problemen in dem Selbstverhältnis der einzelnen Figuren zu dem Konfliktuösen in den dargestellten Ehe-, Eltern-, Freundschafts-, Liebes-, Geschlechter- und Generationenverhältnissen. An diesen Verhältnissen wird aber gleichsam *pars pro toto* aufgewiesen, in welchem Zustand sich die „Sozietät" insgesamt befindet und durch welche Konflikte sie in der geschichtlichen Gegenwart gekennzeichnet ist. Die literarische Morphologie sozialer Konflikte zentriert sich um den Widerstreit von Wunsch und Realitätserfahrung, von Leidenschaft und gesellschaftlicher Konvention, von Moral und Vorurteilsbildung. Deswegen kann uns die Fiktion vom doppelten Ehebruch und der doppelten Ähnlichkeit auch heute noch so erschreckend naherücken. Erschrecken sollen wir über uns selbst, über unsere eigenen „Velleitäten", insofern diese das ‚Recht der Gegenwart'[61] missachten. Der Dichter enthält sich bewusst der Beurteilung. Es geht ihm nicht um Erzeugung moralischer Urteile, um moralische Be- oder Entlastung oder um juristische Zurechnung von Schuld: „Was die zwei Paare in diesem Roman in die Katastrophe stürzt, ist so ganz und gar jenseits der Kategorien von Gut und Böse."[62] Die Rückübertragung der Metapher klammert aber sittliche Fragestellungen nicht aus, sondern schließt sie im Medium der Literatur auf eigene Weise auf. Der Leser des Romans kann nicht

60 Der Roman entfaltet das Perspektiv, setzt es als Beobachtungsinstrument ein und reflektiert zugleich dessen Bedingungen und Grenzen.

61 Vgl. Goethe, Die Wahlverwandtschaften (I, 11), WA I, 20, S. 139; vgl. Vorarbeiten zu einem Deutschen Volksbuch, WA I 42, 2, S. 420.

62 Peter von Matt, Versuch, den Himmel auf der Erde einzurichten. Der Absolutismus der Liebe in Goethes „Wahlverwandtschaften", in: Über die Liebe. Ein Symposion, hrsg. von Heinrich Meier und Gerhard Neumann. München 2001, S. 263–304, hier: S. 273.

anders als sich zu fragen, was die Katastrophe verursacht hat und wie sie zu verhindern gewesen wäre. Via negativa kann deutlich werden, was personale Verantwortung in sozialen Verhältnissen ausmacht. Die literarische Rückübertragung naturalisiert unsere Wünsche und lässt uns dadurch – im Spiegel der literarischen Vergegenwärtigung – die sittlichen Probleme der Konflikte, in denen wir leben, erkennen. Deshalb können auch wir, die wir von den biologischen Fakten der Fortpflanzung und Vererbung manches wissen und von dem „animalischen Magnetismus" wohl nicht mehr so angefochten sind, wie viele zeitgenössische Leserinnen und Leser, die künstlerische Kraft und Gewalt dieser Rückübertragung auch heute noch empfinden.

Der Dichter Goethe studiert die individuellen Konflikte, die zugleich gesellschaftliche sind, wie ein Naturforscher gestaltvergleichend, morphologisch. Die morphologische Betrachtungsweise „[r]uht", so hatte es Goethe 1796 notiert, „auf der Überzeugung daß alles was sey sich auch andeuten und zeigen müsse [...] Das unorganische, das vegetative, das animale das menschliche deutet sich alles selbst an, es erscheint als was es ist unserm äussern und innern Sinn."[63] Das ist der Grundsatz der Goethe'schen Naturforschung und das ist auch der Grundsatz der dichterischen Darstellung im Roman. Von der Exposition des Ganzen im ersten Kapitel des ersten Buches an werden die Konflikte über ihre vielfältigen Ausdrucksformen dargestellt. Auch die seelischen Konflikte, die die Hauptfiguren erleiden, manifestieren sich von Anfang an im Äußeren, in allem, was sie tun und lassen. Das Eheverhältnis ist entfremdet schon vor der „Dazwischenkunft des Dritten", die von Charlotte geschaffene neue „Mooshütte" scheint Eduard bereits beim ersten Besuch „etwas zu eng".[64]

Die sozialen Konflikte, die Goethe in den Blick nimmt, drücken sich in den Problemen der literarischen Figuren und ihrer Lebensläufe aus. Die Rückübertragung der Metapher erfolgt in gegenwartskritischer Absicht. Die Verhältnisse der Umbruchszeit, die zur Darstellung gelangen, manifestieren, dass durch Gegenwartsflucht das problemlösende Gestalten verfehlt und

63 Goethe, Paralipomena zur Morphologie, WA II 6, S. 446.

64 Vgl. Die Wahlverwandtschaften (I, 1), WA I 20, S. 5.

versäumt wird. Das Verfahren der symbolischen Darstellung in den *Wahlverwandtschaften* verdankt sich der Einsicht, dass die Umbrüche der Realgeschichte sich zugleich in den seelischen Irritationen, Verwirrungen und Katastrophen der individuellen ‚Fallgeschichten' ankündigen. Das Ganze des geschichtlichen Umbruchs zeigt sich in jedem Detail. Der Roman führt anhand der konkreten Lebensläufe der literarischen Figuren und des an ihnen sichtbar gemachten Scheiterns[65] wie anhand des Symptomatischen der zeitgenössischen Moden und wissenschaftlichen Debatten in die Probleme von Gesellschaft und Zeitgeschichte ein: „[E]s ist der großartige Blick auf diese verwirrte Zeit", schreibt der Rechtshistoriker Friedrich Karl von Savigny und gehört damit zu den Lesern, die die zeitgeschichtliche und -kritische Leistung des Romans emphatisch herausstellen.[66]

Indem das Kunstwerk prägnante Erfahrungen objektiviert, zielt es auf die Möglichkeit exemplarischer Verallgemeinerung. Die geschilderte Auflösung einer individuellen Ehe wie einer Kleingruppe weist über sich hinaus: Sie erscheint symptomatisch für die Auflösung zwischenmenschlich-gesellschaftlicher Bindungen, die „in's lose Weite hinausgetrieben"[67] werden.

Versucht wird eine symbolisch erzeugte Objektivierung der sozialen Verhältnisse und Konflikte, über deren Reflexion die Leser auf sich selbst zurückkommen können. Die Kunst bildet die unmittelbare Wirklichkeit nicht ab. Sie will Distanz zu ihr schaffen und sie gerade in diesem Gegenüberstehen sichtbar machen, indem sie einen eigenen Anschauungs- und Denkraum bildet.[68] Der Denkraum der Literatur kann uns in neuer Weise tauglich machen für die Wirklichkeit, weil er uns sehen lehrt. Die erzählte Morphologie sozialer Konflikte kann die Schulung des analytischen Blickes fördern, des analytischen Blicks auf unsere eigene Gegenwart, auf das eigene Selbst.

65 Vgl. Inge Stephan, „Schatten, die einander gegenüberstehen." Das Scheitern familiärer Genealogien in Goethes „Wahlverwandtschaften", in: Goethe. Die Wahlverwandtschaften, hrsg. von Gisela Greve, Tübingen 1999, S. 42–70.

66 Härtl, Nr. 284 (Brief von Friedrich Karl von Savigny an Friedrich Kreuzer), S. 89.

67 Die Wahlverwandtschaften (I, 4), WA I 20, S. 54.

68 Vgl. Ernst Cassirer, Geist und Leben, Leipzig 1993, S. 51.

*Margrit Wyder*
# Goethes Leidenschaft Naturforschung

„Oben die Geister und unten der Stein"

Wenn von Goethes Leidenschaften die Rede ist, werden damit meist spezifische Zusammenhänge verbunden: Man zählt seine Lieben und Liebschaften auf, die, von Sesenheim bis Marienbad, Quellen großer Lyrik geworden sind. Mit gleicher Vehemenz begeisterte sich Goethe aber noch für eine andere weibliche Gestalt: die Natur – und auch ihr hat er wunderbare Zeilen gewidmet. Die allegorische Darstellung der Natur wurde in der Goethezeit gern durch das Bild der vielbrüstigen Diana von Ephesos vermittelt. Die Entschleierung der Diana – die auch mit der ägyptischen Göttin Isis gleichgesetzt wurde – steht dann allegorisch für die Wissenschaft, welche die Geheimnisse der Natur aufdeckt. Alexander von Humboldt ließ dieses Motiv vom dänischen Bildhauer Bertil Thorwaldsen entwerfen und 1807 als Widmung für Goethe seinen *Ideen zu einer Geographie der Pflanzen* voranstellen (Abb. 1). Auf der Steintafel am Fuß der Statue erkennt man den Titel *Metamorphose der Pflanzen*, und der enthüllende Genius trägt eine Leier, womit auf den Dichter Goethe angespielt wird.

In welchem Umfang die Natur und ihre Erforschung für Goethe ein essenzieller Teil seines Lebens und Schaffens war, ist immer noch zu wenig bekannt. Mehr dazu sei im Folgenden in einem chronologischen Überblick und an einzelnen Beispielen vermittelt. Es ist ein weites Feld, das sich hier eröffnet; es umfasst Alchemie, Geologie, Anatomie, Botanik, Meteorologie und Farbenlehre, und auch mit wissenschaftlicher Chemie und technischen Neuerungen hat sich Goethe immer wieder beschäftigt. Um den Überblick über dieses große wissenschaftliche Lebenswerk zu erleichtern, sei zunächst eine zeitliche Einordnung versucht. Wie bei der literarischen Produktion kann man auch bei den wissenschaftlichen Betätigungen Goethes verschiedene Epo-

Abb. 1: Die Entschleierung der Diana, von Bertil Thorwaldsen. Widmungsblatt für Goethe, aus: Alexander von Humboldt: *Ideen zu einer Geographie der Pflanzen*. Tübingen/Paris 1807.

chen unterscheiden. Ich nenne sie die magische, die realistische und die symbolische. Dabei lassen sich durchaus Parallelen zu den literarischen Epochen der Goethezeit ziehen.

Der *magische* Zugang zur Natur entspricht dem Aktionismus des Sturm und Drang. In der Alchemie versuchte man mit rationalen wie irrationalen Mitteln die Natur zu beeinflussen, um Veränderungen zu erzielen. Die *realistische* Epoche in Goethes Naturforschung begann 1776 in Ilmenau, an einem Ort also, wo konkrete technische Aufgaben zu lösen waren und wo die Natur einen Widerstand bot, der nur durch Beobachtung und Nachdenken zu überwinden war. Der Mensch musste sich und seine Wünsche zurücknehmen, um die Befunde der Natur nicht zu verfälschen. In diese Zeit – sie dauerte rund zwanzig Jahre, von 1776 bis 1796 – fallen die großen Reisen und die Entdeckungen Goethes, er bewegte sich auf der Höhe der damaligen wissenschaftlichen Erkenntnisse. Das objektivierende Vorgehen in der Wissenschaft lässt sich durchaus mit den Prämissen der literarischen Klassik parallel setzen. Auf beiden Gebieten waren Mäßigung und leidenschaftslose Zuwendung zur Mitwelt gefordert. Mit der Jahrhundertwende jedoch – Goethe war nun schon über 50 – verengte sich sein Lebenskreis, und sein Umgang mit der Natur konzentrierte sich auf kleinere Areale. So betrieb er etwa die Geologie vor allem bei den jährlichen Sommeraufenthalten in den böhmischen Bädern. Immer wichtiger wurde für Goethe in dieser Epoche das *symbolische* Verständnis der Natur, der innere Gewinn seiner Forschungen. Parallel zur romantischen Bewegung trat also der Mensch wieder ins Zentrum des Interesses. Ganz radikal hat Goethe diese subjektive Sicht auf die Welt in seinem Aufsatz *Skizzen zu einer Schilderung Winkelmanns* von 1805 ausgedrückt. Dort heißt es:

> Wenn die gesunde Natur des Menschen als ein Ganzes wirkt, wenn er sich in der Welt als in einem großen, schönen, würdigen und werten Ganzen fühlt, wenn das harmonische Behagen ihm ein reines, freies Entzücken gewährt; dann würde das Weltall, wenn es sich selbst empfinden könnte, als an sein Ziel gelangt aufjauchzen und den Gipfel des eigenen Werdens und Wesens bewundern. Denn wozu dient alle der Aufwand von Sonnen und Planeten und Monden, von Sternen und Milchstraßen, von Kometen und Nebelflecken, von gewordenen und werdenden Welten, wenn sich nicht zuletzt ein glücklicher Mensch unbewußt seines Daseins erfreut?[1]

Doch so weit wie in diesem literarisch-historischen Text ist Goethe in den Naturwissenschaften nicht gegangen. Er verfocht auch gegen die Auswüchse der romantischen Naturphilosophie stets die objektiven Rechte der Natur. Goethe blieb bis zum Lebensende ein scharfer Beobachter, der den realistischen Grund der Naturforschung betonte. Mit der Weisheit des Alters respektierte er aber hinter dem Erforschbaren ein Reich des Unerforschlichen, wo er die von ihm verehrten „Urphänomene“ ansiedelte.

1 FA I, 19, S. 179.

## *Die magische Naturdeutung: Alchemie*

Wie hat dieses Engagement für die Natur begonnen, und auf welche Weise ist Goethe zuerst selber aktiv geworden? In *Dichtung und Wahrheit* hat er seine Jugendzeit sehr detailliert geschildert und ebenso das geistige Klima jener Zeit um die Mitte des 18. Jahrhunderts lebendig werden lassen. In einer Epoche, die noch stark von der Religion geprägt war, wurde die Natur ganz selbstverständlich als Schöpfung Gottes gesehen, in der alles zum Besten des Menschen eingerichtet war. Als ein frühes Lehrbuch, das ihn wegen seiner „sinnlich-methodischen Vorzüge“[2] beeindruckte, nannte Goethe den *Orbis sensualium pictus* von Amos Comenius. Es zeigt die Dinge der Welt und benennt sie. Dieses erste illustrierte Kinderbuch war 1658 erschienen und wurde bis ins 19. Jahrhundert gebraucht.

Das große Erdbeben von Lissabon, von dem der sechsjährige Knabe Johann Wolfgang erzählen hörte, erschütterte im Jahr 1755 allerdings diese Gewissheiten und ließ erste Zweifel an der Vorstellung eines guten und allmächtigen Schöpfergottes aufkommen.[3] Die damals an den Universitäten gelehrten Wissenschaften legten das Bild einer statischen Naturordnung aber noch lange zugrunde. Man glaubte, dass die menschliche Vernunft durch Sammeln und Ordnen bald alle Geheimnisse der Natur aufdecken und den göttlichen Plan der Schöpfung schließlich werde aufzeichnen können. Goethe erfuhr darüber mehr, als er während seiner Studienzeit in Leipzig die Kommilitonen am Mittagstisch seiner Pension über ihre medizinischen Vorlesungen diskutieren hörte. So wurde ihm etwa der Name Carl von Linnés genannt, des schwedischen Botanikers, der die Pflanzenwelt geordnet hatte, oder von Graf Buffon, dem französischen Gelehrten, der über Erdgeschichte und Zoologie schrieb. Von beiden sollte Goethe in der Naturforschung später wichtige Impulse erhalten; doch vorerst führte ihn sein Weg in andere Kreise und eröffnete ihm einen von Geheimnissen geprägten Zugang zur Natur.

Bekanntlich musste Goethe sein juristisches Studium in Leipzig wegen einer schweren Erkrankung, wahrscheinlich einer

2 FA I, 14, S. 41 u. S. 670 *(Dichtung und Wahrheit).*

3 Ebd. S. 36 f.

Tuberkulose, im Sommer 1768 abbrechen. Er kehrte ins Elternhaus nach Frankfurt zurück, wo er von einem pietistischen Arzt behandelt wurde. Dr. Johann Friedrich Metz gehörte zu einem Zirkel, in dem auch Susanna Katharina von Klettenberg, eine Verwandte von Goethes Mutter, verkehrte und in dem alchemistische Experimente praktiziert wurden. Heute ist die Alchemie meist nur noch als Goldmacherkunst bekannt, und als solche musste sie scheitern. Doch das Ziel alchemistischer Forschung war eigentlich der „Stein der Weisen", auch als Quinta Essentia, also das fünfte Element, bekannt. Wer dieses Präparat herstellen konnte, war fähig, damit unedle Metalle in Gold zu verwandeln. Der Stein der Weisen diente auch als Universal-Heilmittel. Dass Goethe durch die Einnahme eines geheimnisvollen Salzes von Dr. Metz wieder genas, war ein Grund mehr für ihn, an diese Wissenschaft zu glauben.[4]

Goethe hat in der Folge selbst experimentiert und manche einschlägigen Werke des Hermetismus gelesen, u. a. von Basilius Valentinus, Van Helmont dem Älteren und Paracelsus. Bei dieser Lektüre begegnete ihm ein dynamischer Begriff von Natur, hier ging es weniger um die Ordnung als um die *Verwandlung* der Dinge. So lernte der junge Goethe in der Alchemie eine traditionsreiche Gegenströmung zur offiziellen Naturlehre kennen. Diese alternative Sicht musste in ihm die Frage wecken: War die Natur so, wie es die akademische Wissenschaft lehrte – nämlich eine Menge von einzelnen Objekten, die der Mensch mit Scharfsinn und Fleiß sammelt, beobachtet, seziert und ordnet? Oder war sie so, wie er es bei den Alchemisten erfahren konnte: Ausdruck eines göttlichen Wirkens, durchpulst von lebendigen Kräften, nach geheimnisvollen, aber nachvollziehbaren Regeln funktionierend? Dass Goethe sich für die letztere Sicht der Natur entschieden hat, liegt auf der Hand. Auch später hat er stets das Lebendige vor dem Toten bevorzugt und das Ganze für wichtiger als die Teile gehalten.

Ein Zug ins Praktische, in die Anwendung kennzeichnet schon Goethes frühes Interesse an der Alchemie. Nicht etwa das in dunklen Andeutungen schwelgende *Opus mago-cabbalisticum* von Georg Welling, sondern die *Aurea Catena Homeri*, die „Goldene Kette Homers", war seine Lieblingslektüre (Abb. 2).

4 Ebd. S. 374.

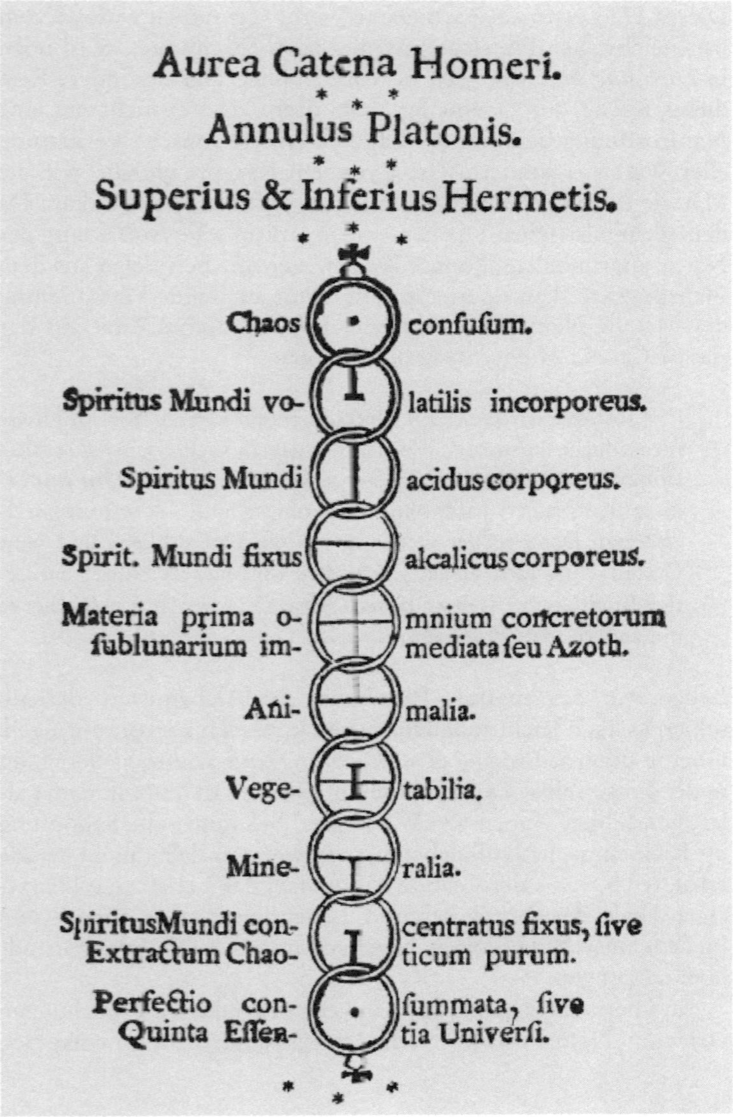


Abb. 2: Illustration zur *Aurea catena Homeri* von Joseph Anton Kirchweger, welche die Natur in einer linearen Verknüpfung zeigt (Ausgabe Jena 1757).

Dieses 1723 erstmals erschienene Werk, vermutlich verfasst vom österreichischen Physicus Joseph Anton Kirchweger, wird noch in *Dichtung und Wahrheit* hervorgehoben.[5] Der besondere Reiz dieses Buches für Goethe lag wohl darin, dass es nicht nur eine Naturordnung beschreibt – nämlich eine kosmische Verkettung aller Wesen –, sondern dass es zudem Rezepte enthält, wie die Materie innerhalb dieser Ordnung beeinflusst werden kann. Da dem alchemistischen Denken eine organismische Auffassung der Natur zugrunde lag, konnte Kirchweger mit Beispielen aus dem Nahrungskreislauf operieren, um damit auch eine Verwandlung der Metalle plausibel zu machen. Ein drastisches Zitat aus der *Aurea Catena Homeri* mag dies belegen:

> […] so essen wir ja täglich Rindfleisch und verändern es in unsere menschliche *substanz*, also daß der gantze Ochse seine *specificationem bovinam* in uns ableget u. völlig *in substantiam humanam transmuti*rt wird, ohne die geringste Spur des *bovini participi*rend. Denn so der Ochse in uns ein Ochse bliebe und seine Gestalt in uns nicht ablegte, so müsten wir Menschen durch das stetige Rindfleisch=essen zu lauter Ochsen werden: und also gehet es mit andern *transmutationibus* auch.[6]

Leben war das zentrale Paradigma der Alchemisten, deshalb schien es auch leicht möglich, Leben künstlich hervorzubringen. Goethe unternahm, wie er in *Dichtung und Wahrheit* berichtet, in der Folge selbst Experimente mit „Kieselsaft“, um in dem gallertigen Silikat – auch als ‚Wasserglas‘ bekannt – die Schöpfung im Kleinen nachzuvollziehen.[7] Auch wenn er dabei nicht gerade erfolgreich war – der Glaube daran, dass das Leben eine Haupteigenschaft der Natur sei und Lebendiges daher immer von Neuem entstehen könne, gehörte von nun an zu Goethes Grundüberzeugungen.

So übernahm Goethe für seine eigenen späteren Forschungen viel vom Naturbild der alten Alchemisten, denn es entsprach

5 Ebd. S. 373.

6 *[Anton Joseph Kirchweger:]* Aurea Catena Homeri […], Frankfurt und Leipzig 1723, S. 237.

7 FA I, 14, S. 375 *(Dichtung und Wahrheit).*

offensichtlich seinen eigenen innersten Erfahrungen. Zwei Zeilen aus einem Briefgedicht an den Freund Johann Heinrich Merck halten diese aus den Experimenten mit Laborgefäßen gewonnene Erkenntnis fest:

> Wer mit seiner Mutter der Natur sich hält
> Findt im Stengelglas wohl eine Welt.[8]

Nach seiner Genesung besuchte Goethe 1770/71 die Universität Straßburg, um sein Studium abzuschließen. Aber mehr als die Juristerei interessierte ihn hier die Medizin, er absolvierte klinische Kurse in Anatomie und sogar in Geburtshilfe und sah es als Vorteil an, dass die Anatomie ihn „den widerwärtigsten Anblick ertragen lehrte, indem sie meine Wißbegierde befriedigte".[9]

Neue Einflüsse kamen in Straßburg durch die Begegnung mit Johann Gottfried Herder ins Spiel. Vor seinem kritischen Geist konnte das magische Naturbild des jungen Goethe nicht bestehen. So heißt es in *Dichtung und Wahrheit*: „Am meisten aber verbarg ich vor Herdern meine mystisch-kabbalistische Chemie und was sich darauf bezog, ob ich mich gleich noch sehr gern heimlich beschäftigte, sie konsequenter auszubilden, als man sie mir überliefert hatte."[10] Kurz vor seinem 21. Geburtstag vertraute er Susanna Katharina von Klettenberg an: „Und die Chymie ist noch immer meine heimlich Geliebte".[11]

Herder machte Goethe unter anderem mit den Ideen von französischen Denkern wie Denis Diderot und Pierre-Louis Maupertuis bekannt, deren Naturkonzepte ebenfalls wegführten vom statischen Ordnungsdenken. Ein weiteres Verdienst des Theologen und Schriftstellers aus Riga war es, Goethe an die aktuelle Literaturszene heranzuführen, wo er sich bald im Kreis der Stürmer und Dränger hervortun sollte. In literarischer Form findet sich das magische Denken in den Eingangsszenen des *Faust*, wo der Erdgeist beschworen wird. Doch Goethe lässt Faust dabei kläglich scheitern. Auch die Naturschwärmerei Werthers bleibt fruchtlos

8 FA I, 1, S. 188 (4. Dez. 1774).

9 FA I, 14, S. 408 *(Dichtung und Wahrheit)*.

10 Ebd. S. 451.

11 WA IV, 1, S. 247 (an Susanna Katharina von Klettenberg, 26. August 1770).

und rettet diesen nicht vor der Verzweiflung. – Nachdem sich Goethe diese Werke von der Seele geschrieben hatte, wurde der Weg frei für einen realistischen Zugang zur Natur.

Als Zwischenstation auf diesem Weg lässt sich Goethes Interesse an der Physiognomik ansehen. 1774 konnte ihn Johann Caspar Lavater als Mitarbeiter und Redakteur für seine *Physiognomischen Fragmente* gewinnen. Der Zürcher Pfarrherr, damals eine europäische Berühmtheit, war überzeugt, dass es möglich sei, aus den Schädel- und Gesichtsmerkmalen einer Person auf ihre Charaktereigenschaften zu schließen. Die Lehre der Physiognomik wurde von Lavater mit wissenschaftlichem Anspruch betrieben, auch wenn er nie zu einer systematischen Darstellung gelangte. – Goethe hat sich dieser damaligen Modewissenschaft eine Zeitlang gewidmet. Er wendete sie auch auf Tiere an und deutete für die *Physiognomischen Fragmente* 21 Tierschädel aus Buffons *Histoire naturelle*. So fand Goethes Interesse für Anatomie erstmals eine praktische Anwendung.

### *Die realistische Naturdeutung: Goethes Entdeckungen*

Nach einer noch ganz vom Geniedenken geleiteten Reise in die Schweiz im Sommer 1775 übersiedelte Goethe im Herbst desselben Jahres nach Weimar, und es waren nicht die gewaltigen Gebirge des Gotthards, die seinen geologischen Forscherdrang weckten, sondern die Berge des Thüringer Waldes. Zunächst waren ökonomische Gründe dafür verantwortlich, dass das abgelegene Ilmenau für den 18jährigen Herzog Carl August und damit auch für seinen 26jährigen Rat Goethe interessant wurde: Bis zu einem Dammbruch im Jahr 1739 war hier erfolgreich Silber und Kupfer gefördert worden. Von der Wiedereröffnung des Bergwerks erhoffte sich Carl August neue Einnahmen für die darbende Staatskasse. Deshalb wurde im Sommer 1776 ein bergmännisches Gutachten in Auftrag gegeben. Dieses Gutachten – es stammte vom sächsischen Vize-Berghauptmann Friedrich Wilhelm Heinrich von Trebra – fiel positiv aus, aus heutiger Sicht zu positiv angesichts der damals schon bekannten Unterlagen.[12] So

12 Kurt Steenbuck: *Silber und Kupfer aus Ilmenau. Ein Bergwerk unter Goethes Leitung*. Weimar 2002² (Schriften der Goethe-Gesellschaft 65).

wurde die Wiedereröffnung der Bergwerksanlagen beschlossen, und Goethe kam als Mitglied der zuständigen Kommission nun öfters nach Ilmenau. Volle acht Jahre sollten aber wegen rechtlicher und finanzieller Probleme verstreichen, bis die Eröffnung im Februar 1784 erfolgen konnte. Diese Jahre nutzte Goethe, um Kenntnisse in Mineralogie und Geologie zu erwerben. Damit begann seine intensive Auseinandersetzung mit aktuellen wissenschaftlichen Fragestellungen.

*Geologie*

Wie sehr sich Goethe in die neue Materie vertiefte, zeigen die Aufzeichnungen von seinen Reisen. Auf der ersten Harzreise von 1777 besuchte er Anlagen des Bergbaus; aber auch der aus Granit bestehende Gipfel des Brockens wurde bestiegen. Der Granit sollte für Goethe eine ganz besondere Bedeutung erlangen, galt er doch in allen damaligen Theorien als ältestes Gestein, das den Grund aller Berge bildet. Aber auch die höchsten Gipfel bestanden aus Granit – man nahm an, dass sie als „Urgebirge" über alle späteren Gesteinsablagerungen emporragten. Auf der zweiten Schweizer Reise von 1779, angesichts des Montblanc und der Berner Alpen, schien sich diese Theorie für Goethe auch zu bestätigen.

Eine eingehende Beschäftigung mit der neuesten geologischen Literatur folgte. Goethe fand die *Epoques de la nature* des Grafen Buffon „ganz vortrefflich",[13] wie er seinem Freund Merck schrieb. Buffon hatte die biblische Zeitrechnung gesprengt und neu eine Erdgeschichte von Zehntausenden von Jahren angenommen. Goethe meinte denn auch 1780 zu einem Besucher bei einem Gespräch über das Alter der Welt, es sei eine „Narrheit, dieses Alter auf 6000 Jahr zu schätzen",[14] wie dies von theologischer Seite getan wurde. Viele Fragen in der damaligen Geologie waren noch völlig ungelöst. Buffon ging von einer glutflüssigen Erde aus, die beim Abkühlen geschrumpft sei, so dass die Schrumpfungsfalten zu Gebirgen erstarrten. Horace-Bénédict de Saussure dagegen, der Schweizer Alpenforscher, mit dem Goethe 1779 in Genf auch persönlich gesprochen hatte, dachte eher an

13 WA IV, 4, S. 202 (an J. H. Merck, 7. April 1780).

14 GG 1, S. 301 (zu J. A. Leisewitz, 14. August 1780).

eine Kristallisation der Granitberge aus einem Urozean. Dies schienen ihm die kantigen Formen der Montblanc-Gruppe zu belegen. In Deutschland wurde der „Neptunismus", der fast alle Gesteine als sukzessive Ablagerungen aus dem Urozean deutete, vom Freiberger Professor Abraham Gottlob Werner vertreten; er hatte diese Lehre zu einer Theorie ausgebaut, die sich in den Bergbauregionen Mitteldeutschlands zu bewähren schien. Denn hier fand man, anders als in den Alpen, die Erdschichten relativ ungestört übereinander liegen. Werners Theorie verbreitete sich deshalb schnell und wurde auch in Großbritannien für einige Jahrzehnte die herrschende Lehrmeinung.

Werners Lehren wurden durch einen jungen Absolventen der Freiberger Bergakademie nach Weimar übermittelt, den „Bergbeflissenen"[15] Johann Karl Wilhelm Voigt. Zusammen mit Voigt, der die Aufsicht über die Anlagen in Ilmenau übernehmen sollte, bereiste Goethe im Sommer 1780 das Herzogtum und ließ eine geologische Karte Thüringens anlegen. „Die Welt kriegt mir nun ein neu ungeheuer Ansehn",[16] hieß Goethes Fazit dieser Exkursionen, die ihn „auf die hohen Gipfel [...] und in die Tiefen der Erde"[17] geführt hatten. Die Ausweitung seiner Raum- und Zeitvorstellungen fand ihren Ausdruck nicht nur in der Idee, „eine mineralogische Charte von ganz Europa zu veranstalten",[18] sondern auch in einem Projekt, das er Charlotte von Stein gegenüber als „Meinen Roman über das Weltall"[19] ankündigte. Dieses Werk in der Nachfolge Buffons, das zugleich an Goethes Interesse für hermetische Kosmogonien in der Frankfurter Zeit anknüpfen konnte, blieb jedoch unausgeführt.

Als wichtigstes Zeugnis aus dieser Zeit ist der so genannte „Schnitt durch Thüringen" anzusehen, das Ergebnis der von Voigt in enger Zusammenarbeit mit Goethe geleisteten geologischen Erkundung des Landes (Abb. 3). Dieser Querschnitt führt auch durch Ilmenau und zeigt, wie man sich damals den Verlauf

15 So nannte ihn Goethe in seiner *Instruktion* für die geologische Landeserkundung; FA I, 25, S. 309.

16 WA IV, 4, S. 285 (an Charlotte von Stein, 8. September 1780).

17 WA IV, 4, S. 283 (an Charlotte von Stein, 7. September 1780).

18 WA IV, 6, S. 82 (an J. H. Merck, November 1782).

19 WA IV, 5, S. 232 (an Charlotte von Stein, 7. Dezember 1781).

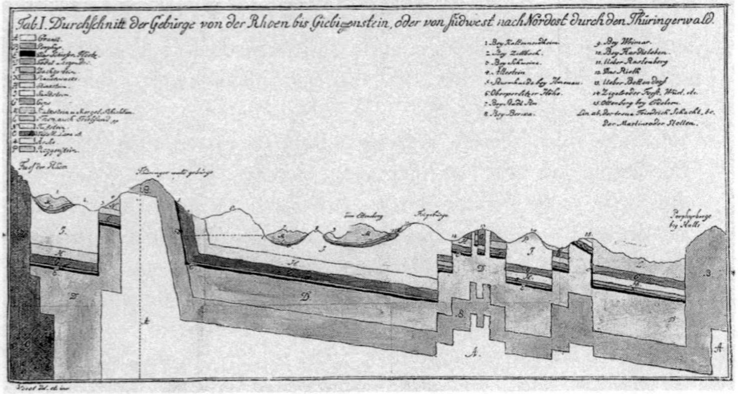


Abb. 3: *Schnitt durch Thüringen*, von Johann Karl Wilhelm Voigt, in Zusammenarbeit mit Goethe entstanden. Tafel I aus: J. K. W. Voigt: *Mineralogische Reisen durch das Herzogthum Weimar und Eisenach und einige angränzende Gegenden.* Dessau 1782.

des Kupferschieferflözes am Rand des Thüringer Waldes vorstellte. Es schien ein Leichtes, die erzreiche Zone in der Gegend, wo das Flöz in die Schräglage umbog, mit einem Schacht zu erschließen. Goethe wies allerdings in einem Brief an Herzog Ernst II. von Sachsen-Gotha darauf hin, dass die Zeichnung in großen Teilen hypothetisch sei[20] – und leider sollte sich gerade die Hypothese zum Untergrund von Ilmenau nicht bestätigen.

Bei allem erklärten Realismus begleitet Goethe in den 1780er Jahren weiterhin das Bewusstsein, einem in den Dingen verborgenen, aber lösbaren Geheimnis auf der Spur zu sein – dem Wirken Gottes in der Natur. Nur vor diesem Hintergrund lohnen sich die Anstrengungen, die er als Forscher unternimmt. An Frau von Stein schrieb er etwa: „Wir sind auf die hohen Gipfel gestiegen und in die Tiefen der Erde eingekrochen, und mögten gar zu gern der grosen formenden Hand nächste Spuren entdecken. Es kommt gewiss noch ein Mensch der darüber klaar sieht. Wir wollen ihm vorarbeiten."[21]

20 WA IV, 5, S. 23 (an Herzog Ernst II. von Sachsen-Gotha, 27. Dezember 1780).

21 WA IV, 4, S. 283 (an Charlotte von Stein, 7. September 1780).

Das in Ilmenau geweckte Interesse an der Erde und ihrer Geschichte steigerte sich weiter, so dass Goethe dafür selbst das Wort „Leidenschaft" gebrauchte. Im Oktober 1780 schrieb er an Merck:

> Ich habe mich diesen Wissenschaften, da mich mein Amt dazu berechtigt, mit einer völligen Leidenschaft ergeben [...] und habe eine sehr große Freude daran. [...] Habe die meisten Stein- und Gebirgarten von allen diesen Gegenden beisammen und finde in meiner Art zu sehen, das bischen Metallische, das den mühseligen Menschen in die Tiefen hineinlockt, immer das Geringste.[22]

Zwei weitere Reisen in den Harz, 1783 und 1784, nutzte Goethe, um Felsen zeichnen zu lassen oder selbst zu zeichnen, und in einem geologischen Tagebuch hat er auch die Abweichungen ihrer Lage von der vertikalen und von der horizontalen Richtung, das Streichen und Fallen, mit einem Geologenkompass gemessen und aufgezeichnet. Tatsächlich gelang es Goethe so, sich über manche geologische Probleme, die ihn beschäftigten, Klarheit zu verschaffen. – Im Sommer 1784 erlebt er den Durchbruch vom Ahnen zum Wissen. Stolz berichtet er Charlotte von Stein, dass er bei seinen „Felsen Spekulationen" vorwärts komme und „einige Grundgeseze der Bildung entdeckt" habe.[23]

Angesichts der regelmäßig verlaufenden Klüftungsrisse in den Granitfelsen war Goethe zur Überzeugung gelangt, dass es sich hierbei um Kristallisationsflächen handle. Über Jahre hinweg plante er ein geologisches Modell, in dem das kristalline Grundgebirge und die darüber abgelagerten Sedimente dargestellt werden sollten. Es wäre eine Pioniertat geworden; aber wie manches in seinem Leben blieb auch dieses Projekt schließlich unvollendet.[24]

Das 1784 mit so großen Hoffnungen eingeweihte Bergwerk in Ilmenau erwies sich als Fehlinvestition. Technische Probleme, vor

22 WA IV, 4, S. 309 f. (an Merck, 11. Oktober 1780).

23 WA IV, 6, S. 302 f. (an Charlotte von Stein, 17. Juni 1784).

24 Zur Geschichte des geologischen Modells vgl. Margrit Wyder: Wissen sichtbar machen. Zu Goethes Visualisierungsmethoden in der Geologie. In: *Wir wandeln alle in Geheimnissen. Neue Erfahrungen mit Goethe. Vorträge der Goethe-Jubiläumstagung 1999 in Kassel.* Hrsg. v. Ludolf von Mackensen. Kassel 2002, S. 87–125.

allem Wassereinbrüche, verzögerten den Bau des Schachtes, und als 1792 endlich das Kupferschieferflöz in 240 Metern Tiefe erreicht war, erwies es sich als beinahe erzleer. Mitten im horizontalen Vortrieb zu den erhofften ergiebigeren Zonen des Flözes kam es in der Nacht vom 22. auf den 23. Oktober 1796 zu einem Wassereinbruch im Schacht, weil der zur Entwässerung dienende Martinrodaer Stollen verschüttet wurde. Als der Stollen nach zweijährigen Bemühungen wieder offen war, fehlte das Geld zum Weitermachen. Nicht weniger als 17 Jahre lang mied Goethe nach dem Stollenbruch den Ort des Misserfolgs. Doch letztlich zog der 75-Jährige doch ein positives Fazit über sein langes und intensives Engagement. Gegenüber Kanzler von Müller äußerte er, „Ilmenau habe ihm viel Zeit, Mühe und Geld gekostet, dafür habe er aber auch etwas dabei gelernt und sich eine Anschauung der Natur erworben, die er um keinen Preis vertauschen möge."[25]

*Anatomie*

Das Muster von persönlichem Gewinn und öffentlichem Misserfolg sollte sich auch in den anderen Wissenschaften wiederholen, die Goethe in den Jahren zwischen 1784 und 1796 betrieb. So erging es ihm bei der Entdeckung des Zwischenkieferknochens am menschlichen Skelett, so bei der Entwicklung der Morphologie und so besonders bei der Farbenlehre. Dabei fehlte es nicht an Einsatz von Seiten Goethes. Doch konnte er seine Ansichten offenbar schlecht vermitteln. – Erst mit der Zeit und mit der Hilfe Schillers sollte er erkennen, dass unterschiedliche „Vorstellungsarten" der Grund waren, warum seine Entdeckungen von den meisten Zeitgenossen nicht anerkannt wurden. Es ist erhellend zu verfolgen, wie Goethe zu seinen Erkenntnissen in den erwähnten Fällen gekommen ist und worin diese hindernden „Vorstellungsarten" – den Begriff hat Goethe von Kant übernommen[26] – bestanden.

25 GG 3/1, S. 667 (zu Kanzler von Müller, 16. März 1824).

26 Manfred Kleinschnieder: *Goethes Naturstudien. Wissenschaftstheoretische und -geschichtliche Untersuchungen*. Bonn 1971, S. 16 f. und S. 91–196. Der Begriff wird von Goethe bereits am Schluss seiner Schrift *Versuch die Metamorphose der Pflanzen zu erklären* (§ 123) beansprucht. FA I, 24, S. 151.

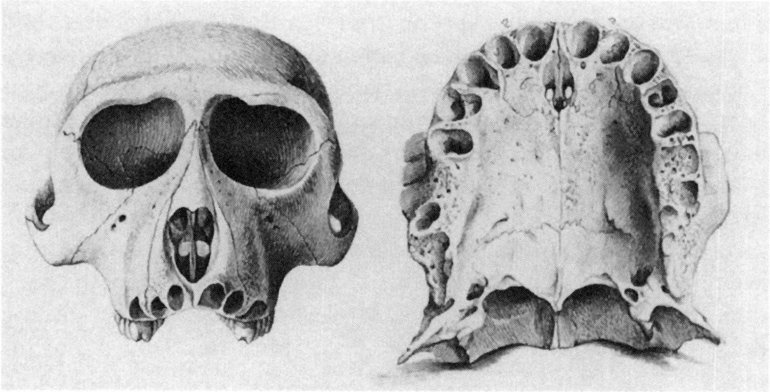

Abb. 4: Der Zwischenkieferknochen beim Affen und beim Menschen, Tafel VIII und IX der von Goethe 1784 an Camper übersandten Abhandlung. Aus: Bräuning-Oktavio (Anm. 28), Tafel I.

Anatomische Studien hatte Goethe seit 1781 betrieben; dabei muss er auch in Berührung mit der Ansicht des bekannten holländischen Anatomen Peter Camper gekommen sein, dass der Unterschied zwischen Mensch und Tier – und das hieß vor allem zwischen Mensch und Affe – in dem fehlenden Zwischenkieferknochen des Menschen bestehe. Die Naht, die bei den meisten Säugetierskeletten von der Nase bis vor die Eckzähne verläuft, ist an einem Affenschädel meist deutlich sichtbar. Beim Menschen jedoch fehlt sie. Wenn man den Gaumen am menschlichen Schädel aber von unten betrachtet, findet sich hin und wieder doch eine Naht, die den Zwischenkiefer vom Oberkiefer trennt (Abb. 4). Dies hatte Goethe gesehen und schrieb darüber begeistert an Frau von Stein: „Es ist mir ein köstliches Vergnügen geworden, ich habe eine anatomische Entdeckung gemacht die wichtig und schön ist. Du sollst auch dein Theil dran haben. Sage aber niemand ein Wort. […] Ich habe eine solche Freude, daß sich mir alle Eingeweide bewegen.“[27]

Dieser Brief zeigt deutlich den Entdeckerstolz Goethes und zugleich sein Bestreben, auch Frauen für seine wissenschaftlichen

27 WA IV, 6, S. 259 (an Charlotte von Stein, 27. März 1784).

Projekte zu begeistern. Später sollte er in Weimar öfters naturkundliche Vorlesungen vor einem gemischten Kreis aus der Hofgesellschaft halten.

Über seine Entdeckung verfasste Goethe nun möglichst schnell, d. h. innerhalb eines halben Jahres, einen wissenschaftlichen Aufsatz, damit ihm niemand zuvorkommen könne, und ließ ihn in lateinischer Übersetzung über den Kasseler Anatomieprofessor Samuel Thomas Soemmering an Peter Camper senden. Doch seine große Freude an der Entdeckung sollte sich bald in eine ebenso große Enttäuschung verwandeln. Die Koryphäen der Anatomie, darunter auch Johann Friedrich Blumenbach, beharrten darauf: Vorne am Kiefer sei beim Menschen keine Naht zu sehen, auch bei ganz jungen Schädeln nicht, also existiere der Zwischenkieferknochen nicht. Dass unten am Gaumen manchmal doch eine Naht zu finden war, galt ihnen nicht als Argument.[28] Weil Camper bereits 1789 starb, kam es nie zu einer offenen Diskussion. Erst Jahre und Jahrzehnte später haben sich die anatomischen Autoritäten bequemt, den Zwischenkieferknochen beim Menschen anzuerkennen.

Der Unterschied zwischen Goethe und seinen Gegnern lag allerdings weniger beim Anschauen selbst als in der *Anschauung*, also in der Betrachtungsweise: Goethe hatte eine Gesetzmäßigkeit in den Formen der Natur erwartet und Anpassungen des Knochenbaus im lebendigen System berücksichtigt, etwa die räumliche Enge im menschlichen Kiefer, die nach seiner Erklärung zum Verschwinden der Gesichtsnaht führen musste. Die analytisch vorgehenden Wissenschaftler dagegen hatten ein anderes Ziel: Sie suchten nach Unterscheidungsmerkmalen, die eine deutliche Definition und Abgrenzung zwischen verschiedenen Spezies erlaubten.

Goethes anatomische Entdeckung zeigte ihm, dass es kein isolierbares Merkmal zwischen Mensch und Affe gibt. Trotzdem verwischte er den Unterschied zum Tier nicht – er hat ihn nur anders definiert. Denn in einem Brief an den Freund Karl Ludwig von Knebel schrieb er:

28 Hermann Bräuning-Oktavio: *Vom Zwischenkieferknochen zur Idee des Typus. Goethe als Naturforscher in den Jahren 1780–1786*. Leipzig 1956 (Nova Acta Leopoldina, Neue Folge 18, Nr 126), S. 102.

> Die Übereinstimmung des Ganzen macht ein iedes Geschöpf zu dem was es ist, und der Mensch ist Mensch sogut durch die Gestalt und Natur seiner obern Kinlade, als durch Gestalt und Natur des letzten Gliedes seiner kleinen Zehe *Mensch*. Und so ist wieder iede Creatur nur ein Ton, eine Schattirung einer grosen Harmonie, die man auch im ganzen und grosen studiren muß sonst ist iedes Einzelne ein todter Buchstabe.[29]

Aus dieser Stelle geht klar hervor, dass Goethe von der *Gestalt* ausgehend denkt. Nicht ein einzelnes Merkmal, sondern die Form jedes einzelnen Knochens – buchstäblich bis hin zur kleinen Zehe – unterscheidet den Menschen von allen anderen Arten, und natürlich auch jede Tierart von der anderen. Dieser Unterschied ist jedoch nicht quantifizierbar, sondern er erfordert einen aufmerksamen Betrachter, der die Formen vergleicht.

Um seine These zu untermauern, wollte Goethe möglichst viele weitere Tierarten auf den Zwischenkieferknochen hin untersuchen – so ließ er sich etwa von Soemmering einen Elefantenschädel per Post von Kassel nach Eisenach schicken und musste ihn gegenüber seiner dortigen Hauswirtin als Porzellankiste tarnen.[30] Lange suchte er auch nach einem Ameisenbärenschädel, weil er überzeugt war, dass die Konsequenz im Knochenbau bei allen Tierarten zu entdecken sein müsse. Von Camper wurde Goethe schließlich auch als Entdecker des Zwischenkieferknochens gewürdigt – und zwar beim Walross![31]

## *Die Metamorphose der Pflanzen*

Kurz nach seiner anatomischen Entdeckung ließ sich Goethe von der Pflanzenwelt faszinieren. Im Sommer 1785 las er die botanischen Werke von Linné und führte selbst Versuche mit keimenden Pflanzen durch. Linnés künstliches System zur Ordnung der Pflanzen weckte seinen Widerspruch; es schien ihm nicht geeignet

29 WA IV, 6, S. 390 (an Knebel, 17. November 1784).

30 WA IV, 6, S. 288 (an Charlotte von Stein, 7. Juni 1784).

31 Peter Camper: *Kleinere Schriften die Arzney- und Wundarzneykunst und fürnehmlich die Naturgeschichte betreffend*. Hrsg. und übers. von S. F. M. Herbell. Leipzig 1782–1790, Bd. 3, S. 166 f.

zur Erkenntnis der lebendigen Pflanzenwelt. Immer mehr gewann Goethe dabei das Bewusstsein, an der Schwelle einer großen Erkenntnis zu stehen. Ein eigentlicher Durchbruch erfolgte im Sommer 1786. Goethe formulierte nun erstmals Ideen, die zur Grundlage seiner Metamorphosenlehre werden sollten. Er muss die Entwicklungsmöglichkeiten dieses Konzepts schon früh erahnt haben, denn er schrieb damals an Frau von Stein:

> Am meisten freut mich ietzo das Pflanzenwesen, das mich verfolgt [...] Es zwingt sich mir alles auf, ich sinne nicht mehr drüber, es kommt mir alles entgegen und das ungeheure Reich simplificirt sich mir in der Seele, daß ich bald die schwerste Aufgabe gleich weglesen kann.
>
> [...] Und es ist kein Traum keine Phantasie; es ist ein Gewahrwerden der wesentlichen Form, mit der die Natur gleichsam nur immer spielt und spielend das manigfaltige Leben hervorbringt. Hätt ich Zeit in dem kurzen Lebensraum; so getraut ich mich es auf alle Reiche der Natur – auf ihr ganzes Reich – auszudehnen.[32]

Die ‚wesentliche Form', von der Goethe hier erstmals schreibt, wird für ihn bald zur „Urpflanze", die alle wesentlichen Teile einer Pflanze in nicht spezialisierter Form enthält. Goethe glaubte zuerst, eine solche prototypische Pflanze könne tatsächlich existieren, und hatte im botanischen Garten von Palermo Hoffnung geschöpft, die Urpflanze dort zu finden.[33] Später musste er jedoch erkennen, dass es sich bei diesem Urbild aller Pflanzen um eine Verallgemeinerung handelte, die so in der Natur nicht vorkommen konnte. Trotzdem blieb diese Form für ihn nicht ein Abstraktum, sondern etwas Anschauliches – und so zeichnete er sie in einem Gespräch mit Schiller auf, das die Freundschaft der beiden so unterschiedlichen Männer einleitete. Nach Goethes Schilderung verlief das Gespräch im Juli 1794 so:

> [...] da trug ich die Metamorphose der Pflanzen lebhaft vor, und ließ, mit manchen charakteristischen Federstrichen, eine symbolische Pflanze vor seinen Augen entstehen. Er vernahm und schaute

32 WA IV, 7, S. 242 (an Charlotte von Stein, 9./10. Juli 1786).

33 FA I, 15/1, S. 286 (*Italienische Reise*).

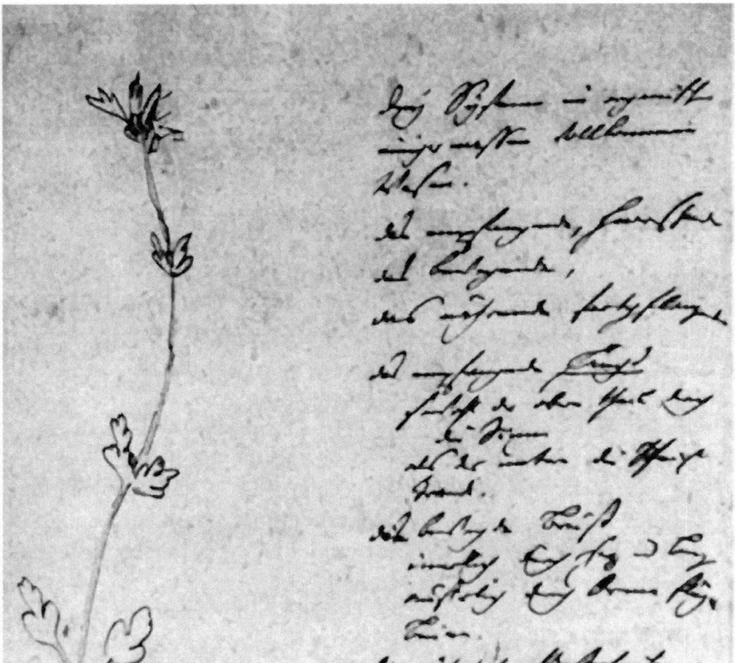

Abb. 5: Typus einer einjährigen Pflanze mit unterschiedlichen Blattformen. Skizze Goethes aus: *Corpus der Goethezeichnungen*. Hrsg. v. Gerhard Femmel u. a. Leipzig 1958–1973, Bd. VB, Nr. 86.

> das alles mit großer Teilnahme, mit entschiedener Fassungskraft; als ich aber geendet, schüttelte er den Kopf und sagte: das ist keine Erfahrung, das ist eine Idee. Ich stutzte, verdrießlich einigermaßen [...], ich nahm mich aber zusammen und versetzte: das kann mir sehr lieb sein daß ich Ideen habe ohne es zu wissen, und sie sogar mit Augen sehe.[34]

Wir können annehmen, dass Goethe etwas Ähnliches wie den Bauplan einer einjährigen Blütenpflanze gezeichnet hat (Abb. 5), denn in seiner Schrift über die Metamorphose der Pflanzen, die er nach der Rückkehr aus Italien verfasste, beschreibt er die einzelnen Entwicklungsphasen einer solchen Gestalt. Nach Schillers Einwand: „das ist keine Erfahrung, das ist eine Idee", den er „als ein gebildeter Kantianer"[35] geäußert hatte, war Goethe zunächst vor den Kopf gestoßen. Doch Jahre später bekräftigte er selbst, dass es darum gehe, „die Idee in der Erfahrung aufzusuchen, überzeugt daß die Natur nach Ideen verfahre".[36]

Die eigene Sichtweise Goethes bestand darin, dass er alle am Spross auftretenden Organe der Pflanze als ursprünglich gleich ansah; sie waren für ihn Metamorphosen eines einzigen Grundorgans. Als kürzeste Formel dafür kann der in Italien notierte Satz gelten: „Alles ist Blatt".[37] Goethe versuchte seine These auch mit Beweismaterial zu stützen. Deshalb hat er sich besonders um die Übergangsformen zwischen den einzelnen Organen bemüht, die bei der Pflanze – sei es als Regel oder als Ausnahme – vorkommen. Sie sind Gewähr dafür, dass das Gesetz auch dort gilt, wo kein stufenweiser Übergang sichtbar ist, wie etwa bei den einkeimblättrigen Blütenpflanzen.[38] Im botanischen Zusammenhang findet der Begriff der „Steigerung" erstmals zu der Bedeutung, die für Goethes Leben und Werk so wichtig werden sollte.[39]

34 FA I, 24, S. 437 *(Glückliches Ereignis).*

35 Ebd.

36 FA I, 24, S. 706 *(Einzelnes zu Noten bestimmt).*

37 Ebd, S. 84 *(Notizen aus Italien).*

38 Ebd S. 123 *(Versuch die Metamorphose der Pflanzen zu erklären*, § 44).

39 Manfred Tietz: *Begriff und Stilformen der „Steigerung" bei Goethe*. Diss. Mainz 1963.

Goethes Begriff von Entwicklung als einer Neubildung von einem Pflanzenknoten zum andern stieß bei den meisten seiner Zeitgenossen auf Unverständnis. Im 18. Jahrhundert war noch allgemein die Theorie vorherrschend, dass alle Lebewesen im Keim oder Samen schon fertig vorgebildet seien und sich lediglich noch ausfalten würden zu ihrer ausgewachsenen Gestalt. Goethe empfand diese „starre Vorstellungsart: nichts könne werden als was schon sei“[40] als größtes Hemmnis für die Metamorphosenlehre. In der für Christiane Vulpius geschriebenen Elegie *Die Metamorphose der Pflanzen* hat er seine lebendige Anschauung in eleganter Verknappung formuliert:

> Werdend betrachte sie nun, wie nach und nach sich die Pflanze,
> Stufenweise geführt, bildet zu Blüten und Frucht.[41]

Nach seiner zweiten Enttäuschung in der Welt der etablierten Wissenschaft forschte Goethe nur noch für sich im Stillen weiter und hat bis 1817, also 27 Jahre lang, von seinen morphologischen Studien nichts mehr veröffentlicht. In den 1790er Jahren war er aber sehr aktiv: Er versuchte in intensiver Vergleichstätigkeit, seine Metamorphosenlehre auch auf das Tierreich anzuwenden. 1796 schuf er eine neue Wissenschaft, die *Morphologie*, definiert als Lehre von der „Bildung und Umbildung organischer Gestalten“.[42]

An dieser Stelle sei auf einen charakteristischen Zug von Goethes Beschäftigung mit der Natur hingewiesen: Er suchte und fand darin stets Trost, wenn er sich in menschlichen Beziehungen oder durch seine Amtspflichten beengt fühlte. Dem Freund Knebel gegenüber hat Goethe 1785 einen Satz formuliert, der diese ergänzende Funktion der Wissenschaft für ihn explizit macht: „Die Consequenz der Natur tröstet schön über die Inconsequenz der Menschen.“[43] Die Natur und ihre Erforschung waren ein Zufluchtsort für Goethe, aber nicht allein im Sinne einer Ablenkung von persönlichen Schwierigkeiten. Sie waren ihm auch eine

40 FA I, 16, S. 520 *(Campagne in Frankreich).*

41 FA I, 2, S. 196.

42 WA II, 6, S. 1.

43 WA IV, 7, S. 36 (an Knebel, 2. April 1785).

wichtige Quelle der Freude und Befriedigung, weil sie ihm Einblick in etwas Größeres als den Menschen und seine menschlichen Probleme erlaubten. Die Beschäftigung mit der Natur enthält für Goethe denn auch immer eine religiöse Komponente. Daher seine „zahme Xenie“:

> Wer Wissenschaft und Kunst besitzt,
> Hat auch Religion;
> Wer jene beiden nicht besitzt,
> Der habe Religion.[44]

*Die Metamorphose der Tiere*

Nachdem ihm die Wirkung der Metamorphose bei den Pflanzen zuerst klar geworden war, wendete Goethe diese Anschauungsweise auch bei den Tieren an. Was bei den Pflanzen das Blatt ist, ist für ihn bei den Tieren der Wirbel – nämlich eine Grundeinheit, die ursprünglich gleich angelegt ist, aber in verschiedenen Ausgestaltungen erscheint (Abb. 6). Die tierische Wirbelsäule zeigt, analog zur Blattfolge am Stängel, dass völlig verschiedene Formen durch Übergänge miteinander zu verbinden sind. Anhand des Rückgrats lässt sich eine simultane Metamorphose von der Schwanzspitze bis zum Hals verfolgen.

Der von Goethe definierte ideelle „Typus“ der Tiergestalt vereinigte alle Knochen eines normalen Wirbeltierskeletts.[45] Nach seiner Ansicht bestand auch der tierische Schädel aus sechs metamorphosierten Wirbeln.[46] Der vorderste „Wirbel“ war der Zwischenkieferknochen – so fand er einen besonderen Platz in der Morphologie.

Die Lebendigkeit der Natur sah Goethe schließlich in der dynamischen Wechselwirkung zwischen Typus und Metamorphose: Der Typus ist das beharrende Prinzip, die Metamorphose hingegen

44 FA I, 2, S. 737 f.

45 FA I, 24, S. 229 *(Erster Entwurf einer allgemeinen Einleitung in die vergleichende Anatomie, ausgehend von der Osteologie).*

46 Zur Entstehung und Diskussion dieser Theorie vgl. Bernhard Peyer: *Goethes Wirbeltheorie des Schädels*. Zürich 1950 (Neujahrsblatt hg. von der Naturforschenden Gesellschaft in Zürich auf das Jahr 1950).

Abb. 6: Menschlicher Wirbelknochen, Zeichnung Goethes aus: *Corpus der Goethezeichnungen*, Bd. VB, Nr. 22.

eine Kraft, die feste Formen stets zu verändern sucht. Sie vermag dies aber nur in den Grenzen, welche durch Naturgesetze bestimmt sind. Aus dem Vergleich verschiedener Säugetierskelette formulierte Goethe ein noch heute gültiges Gesetz der Gestaltbildung: das Gesetz der Lage oder der konstanten Nachbarschaft. Es besagt, dass die einzelnen Knochen immer in den gleichen Verbindungen untereinander bleiben und sich nur in den Proportionen verändern können.[47] Auch und gerade missgestaltete Individuen zeigen diese Gesetzmäßigkeit. So wird vielleicht ein Tier mit einem verkrüppelten Bein geboren, aber nie wird ihm etwa ein Bein aus dem Kopf herauswachsen. Das Gesetz der Lage sorgt dafür, dass die Tiergestalt in allen Veränderungen stets erkennbar bleibt.

Das Wechselspiel von Typus und Metamorphose, also von beharrender Struktur und wechselnder Ausgestaltung, war

47 FA I, 24, S. 252 *(Erster Entwurf ...)*.

schließlich Goethes Lösung für alle Erscheinungen der organischen Natur. Auch in der anorganischen Welt sollte er ein ähnlich umfassendes Prinzip finden: Hinter vielen, auch scheinbar disparaten, Phänomenen steht jeweils ein *Urphänomen*, von dem sie alle abzuleiten sind.

*Die Farbenlehre*

Zu all diesen wissenschaftlichen Projekten kam in den 1790er Jahren noch ein Forschungsfeld, das Goethe gegen Ende seines so produktiven Lebens explizit als seine wichtigste Leistung bezeichnet hat: Es war die Farbenlehre. Laut Eckermann äußerte er sich dazu wie folgt:

> Auf alles was ich als Poet geleistet habe, pflegte er wiederholt zu sagen, bilde ich mir gar nichts ein. Es haben treffliche Dichter mit mir gelebt, es lebten noch Trefflichere vor mir, und es werden ihrer nach mir sein. Daß ich aber in meinem Jahrhundert in der schwierigen Wissenschaft der Farbenlehre der Einzige bin, der das Rechte weiß, darauf tue ich mir etwas zu gute, und ich habe daher ein Bewußtsein der Superiorität über Viele.[48]

Mit keinem Forschungsgebiet hat sich Goethe so lange und ausdauernd beschäftigt, mit keinem aber ist er auch auf so viel Widerstand gestoßen. Die aus künstlerischem Interesse in Italien begonnenen Studien zum Kolorit in der Malerei mündeten in einen vieljährigen Kampf für eine nicht-mathematische Theorie der Farben und gegen die Newton'sche Optik.

Der Widerstand gegen Newton begann, wenn man Goethes nachträglichem Bericht glauben will, mit einem einfachen Blick durch ein Prisma, das er sich ausgeliehen hatte und im Frühjahr 1791[49] zurückgeben sollte. Er wollte das bisher Versäumte nachholen und nun doch schnell hindurchschauen:

48 FA II, 12, S. 320 (19. Februar 1829).

49 Manfred Wenzel: „... ich sprach wie durch einen Instinkt sogleich vor mich laut aus, daß die Newtonische Lehre falsch sei." Dokumente und Deutungen zur Datierung von Goethes Prismenaperçu. In: *Liber Amicorum. Katharina Mommsen zum 85. Geburtstag*. Hrsg. v. Andreas Remmel u. Paul Remmel. Bonn 2010, S. 541–570.

> Eben befand ich mich in einem völlig geweißten Zimmer; ich erwartete, als ich das Prisma vor die Augen nahm, eingedenk der Newtonischen Theorie, die ganze weiße Wand nach verschiedenen Stufen gefärbt, das von da ins Auge zurückkehrende Licht in soviel farbige Lichter zersplittert zu sehen.
>
> Aber wie verwundert war ich, als die durchs Prisma angeschaute weiße Wand nach wie vor weiß blieb, daß nur da, wo ein Dunkles dran stieß, sich eine mehr oder weniger entschiedene Farbe zeigte, dass zuletzt die Fensterstäbe am allerlebhaftesten farbig erschienen, indessen am lichtgrauen Himmel draußen keine Spur von Färbung zu sehen war. Es bedurfte keiner langen Überlegung, so erkannte ich, dass eine Grenze notwendig sei, um Farben hervorzubringen, und ich sprach wie durch einen Instinkt sogleich vor mich laut aus, dass die Newtonische Lehre falsch sei. Nun war an keine Zurücksendung der Prismen mehr zu denken.[50]

Mit zwei *Beiträgen zur Optik,* die er 1791 und 1792 veröffentlichte, zog sich Goethe sogleich den Widerspruch der Physiker zu, weil er darin seine Zweifel an Newtons Erklärung der Spektralfarben als Komponenten des farblosen Sonnenlichts durchblicken ließ. Seine eigenen Versuche mit Prismen und Lupen zeigten die Farben immer als ein Grenz-Phänomen zwischen Hell und Dunkel bzw. „Licht und Finsternis".[51]

Um die Farbe in all ihren Erscheinungsformen zu verfolgen, führte Goethe nun zahlreiche Experimente durch, viele erfand er sogar selber. Besonderen Wert legte er darauf, die Versuche durch ständige Abwandlung der Bedingungen, bei denen die Phänomene sich zeigten, zu „vermannigfaltigen"[52] (Abb. 7). Allein schon eine kurze Aufzählung belegt den Umfang dieser Studien: Goethe führte subjektive und objektive Prismenversuche durch, Versuche mit trüben Mitteln und mit farbigen Lichtern, physiologische Selbstversuche, z. B. durch eine Blendung des Auges, und Versuche zur Farbenblindheit; er verfasste Fragebogen zur Wirkung von Farben und ließ für seine Experimente verschiedene apparative Einrichtungen herstellen.

50 FA I, 23/1, S. 976 *(Konfession des Verfassers).*

51 FA I, 23/2, S. 23 *(Beiträge zur Optik, 1. Stück).*

52 Ebd. S. 64 *(Beiträge zur Optik, 2. Stück).*

Abb. 7: Goethe stellte diese schwarz-weißen Muster für die Betrachtung durchs Prisma zusammen und erzielte damit einen Effekt, der an die abstrakte Kunst des 20. Jahrhunderts erinnert. Tafel IIa aus: *Sechszehn Tafeln nebst der Erklärung zu Goethe's Farbenlehre*. Tübingen 1810.

Die Newton'sche Zerlegung des Lichts in einzelne Strahlen erschien Goethe als eine ungerechtfertigte Abstraktion; er kritisierte auch immer wieder Newtons Versuchsbedingungen, insbesondere die Dunkelkammer mit dem winzigen „Löchlein", weil sie die Phänomene verfälschen würden. Goethes Experimente mit den Farben fanden dagegen fast ausschließlich in der Tageshelle statt. Die prismatischen Farben sind bei Goethe dynamische Erscheinungen, die am Licht und durch trübe Mittel immer wieder neu entstehen. – Auch die Frage, wie weit ein Versuch objektive Ergebnisse liefern kann, beschäftigte ihn. Die Kontroversen in der Farbenlehre ließen ihn Wissenschaft immer mehr als etwas Gewordenes sehen, als eine menschliche Betätigung, die selbst eine Geschichte hat und worin Schulen mit unterschiedlichen Sichtweisen oder eben Vorstellungsarten einander ablösen.

Goethes in sich stimmige Farbenlehre beruht auf den Gesetzen der Polarität und der Steigerung und manifestiert sich anschaulich in seinem sechsteiligen Farbkreis: Die zwei Grundfarben Gelb und Blau sind dem Licht bzw. der Dunkelheit am nächsten. Sie ergeben in der einfachen Mischung Grün, in der Steigerung aber Orange und Violett; deren Verbindung führt zu „Purpur"[53] oder Magentarot als ›höchster‹ Farbe. Diese Farbe, die im Newton'schen Spektrum nicht vorkommt, hat Goethe in der Arbeit mit prismatischen Farben recht eigentlich ‚entdeckt'.

Nach 1795 kam es zu einem allmählichen Zurücktreten der wissenschaftlichen Tätigkeit bei Goethe, vor allem durch die Verbindung mit Schiller, der ihn auf das literarische Gebiet zurück lenkte. Im Januar 1798 schrieb er dem Freund: „Sie haben mir eine zweyte Jugend verschafft und mich wieder zum Dichter gemacht, welches zu seyn ich so gut als aufgehört hatte."[54]

Intensiv diskutiert wurden von den beiden Freunden in diesen Jahren auch die Künste und ihre Theorie, und so blieb als einziges Forschungsgebiet die Farbenlehre für Goethe aktuell, denn sie konnte in der Malerei auf ihre Anwendbarkeit überprüft werden. Die Ergebnisse seiner langjährigen Studien legte er 1810 in zwei Textbänden und einem Tafelband *Zur Farbenlehre* vor. Das Werk besteht aus drei Teilen: einem didaktischen, einem polemischen

53 Ebd. S. 96 *(Von den farbigen Schatten).*

54 WA IV, 13, S. 7 (an Schiller, 6. Januar 1798).

und einem historischen, der Goethe als einen frühen Vertreter der Wissenschaftsgeschichte ausweist. Goethe hat die Farben auch in ihrer „sinnlich-sittlichen Wirkung“[55] dargestellt, indem er den Einfluss spezifischer Farben auf das menschliche Befinden untersuchte – der Anfang der Farbpsychologie. In der Erforschung der farbigen Nachbilder und der farbigen Schatten hat Goethe ebenfalls Pionierarbeit geleistet. Die Entdeckung der „Entoptischen Farben“ – ein Polarisations-Phänomen – durch den befreundeten Physiker Thomas Johann Seebeck regte ihn in späteren Jahren nochmals zu detaillierten Studien an.[56]

Die Goethesche Farbenlehre hat bei Künstlern stets Anerkennung gefunden, so schon bei den Zeitgenossen Philipp Otto Runge und William Turner. In der Physik jedoch sollte die polemisch zugespitzte Ablehnung der Newton’schen Optik durch Goethe die Auseinandersetzung mit seiner von der sinnlichen Erfahrung ausgehenden Theorie der Farben negativ beeinflussen. Dieser ließ sich vom Widerspruch der Physiker nicht beirren. An Friedrich August Wolf schrieb er 1811:

> Was ich treibe, ist immer ein offenbares Geheimniß. Es freut mich, daß meine Farbenlehre als Zankapfel die gute Wirkung thut. Meine Gegner schmatzen daran herum, wie Karpfen an einem großen Apfel den man ihnen in den Teich wirft. Diese Herren mögen sich gebärden, wie sie wollen, so bringen sie wenigstens dieses Buch nicht aus der Geschichte der Physik heraus. Mehr verlang’ ich nicht; es mag übrigens, jetzt oder künftig, wirken was es kann.[57]

Damit sollte Goethe zumindest teilweise Recht behalten. Seine Farbenlehre blieb bis heute präsent, aber wohl auch deshalb, weil sie eben vom berühmten Dichter stammte. Immerhin hat jedoch einer der größten Physiker des 20. Jahrhunderts, Werner Heisenberg, Goethes qualitativen Ansatz als eine mögliche Alternative zur quantifizierenden Newton’schen Physik gewürdigt, indem er schrieb:

55 FA I, 23/1, S. 247.

56 FA I, 25, S. 661 ff.

57 WA IV, 22, S. 172 (an F. A. Wolf, 28. September 1811).

> Wenn man [...] fragt, warum die Newtonsche Optik den Sieg über die Goethesche Farbenlehre davongetragen hat, so wird man neben manchen anderen Gründen auch feststellen können, daß zwar sehr viele Menschen erfolgreich an der Weiterbildung und der Nutzanwendung der Newtonschen Optik arbeiten konnten, daß aber zur Weiterbildung der Goetheschen Farbenlehre eine sehr hohe künstlerische und wissenschaftliche Begabung nötig gewesen wäre.[58]

Heisenbergs Worte weisen darauf hin, dass die so oft behauptete Objektivität der Naturwissenschaften im Grunde auf stillschweigenden Übereinkünften der Forschergemeinschaft beruht. Ziele und Methoden einer Wissenschaft ergeben sich nicht aus der Natur selbst, sondern sind kulturell und epochenbedingt vermittelt.

### *Meteorologie*

Als letzte Wissenschaft hat Goethe die Meteorologie bearbeitet. Ursachen und Verlauf des Wettergeschehens waren um 1800 noch weitgehend unbekannt. Hoch- und Tiefdruck zeigten sich zwar mit eher gutem bzw. schlechtem Wetter gekoppelt, doch fehlte es an Beobachtungs- und Voraussagemöglichkeiten des über große Distanzen wirkenden atmosphärischen Systems.

Als ein extrem wetterfühliger Mensch wurde Goethe von den atmosphärischen Verhältnissen oft unangenehm beeinflusst. 1784 schaffte er sich ein Barometer an. Auf der Reise nach Italien beobachtete er die Witterungsbedingungen und wagte erste meteorologische Hypothesen.[59] Systematische Aufzeichnungen zum Wettergeschehen konnten im Herzogtum Weimar aber erst nach der Eröffnung der Jenaer Sternwarte im September 1813 erfolgen. Das Jahr 1815 brachte einen entscheidenden Anstoß für Goethes meteorologische Interessen: Großherzog Carl August ließ eine Wetterstation auf dem Ettersberg errichten. Ein ganzes

58 Aus dem Vortrag: *Die Einheit der Natur bei Alexander von Humboldt und in der Gegenwart*, 1969. Zit. nach: René Jacques Baerlocher: Bemerkungen zu Werner Heisenbergs Goethebild. In: *Goethe-Jahrbuch* 122 (2005), S. 243–262, hier S. 261.

59 WA III, 1, S. 162–166. (Tagebuch für Charlotte von Stein, 9. September 1786).

Abb. 8: Entwurf Goethes zur synchronen Darstellung der Howard'schen Wolkenformen, 1817. Hamburger Theatersammlung, Universität Hamburg.

Messnetz überzog bald das Großherzogtum, auch in Ilmenau errichtete man 1821 eine Station. Nach dem Tod Carl Augusts im Jahr 1828 wurden allerdings fast alle wieder eingestellt, nur die Station Jena blieb bestehen – ihre Messungen werden bis heute fortgeführt.

Goethes *Versuch einer Witterungslehre* von 1815, der aus dem Nachlass zur Veröffentlichung gelangte, zieht eine Summe seiner meteorologischen Ideen. Er führt dort das Steigen und Fallen des Luftdrucks auf ein Pulsieren der irdischen Schwerkraft zurück. Andere Zeitgenossen hatten dagegen Einflüsse des Mondes oder der Planeten auf das Wetter annehmen wollen. Goethes Argument der Parallelität der Luftdruckschwankungen auf der ganzen Welt ist aus den ihm vorliegenden Messresultaten erklärbar, ließ sich jedoch nach der Ausweitung des internationalen Beobachtungsnetzes nicht bestätigen. Goethes Theorie ist daher als ein Zeugnis seines Denkens in Polaritäten und organischen Modellen anzusehen: Die Erde erscheint bei ihm als ein Organismus, der in stetem Ein- und Ausatmen begriffen ist.

Nachhaltiger als diese Theorie sollten Goethes Wolkenbeobachtungen werden. Durch Vermittlung des Großherzogs lernte er 1815 die Wolkenlehre des englischen Pharmazeuten Luke Howard kennen, die ihn sofort anzog, weil sie seinem morphologischen Sinn entgegenkam und ihn auch am Himmel gesetzlich Gestaltetes erkennen ließ. Goethe übernahm Howards Bezeichnungen – Stratus, Cumulus, Nimbus, Cirrus – als Fachbegriffe und hat sich gegen eine Eindeutschung gewandt. Damit hat er dazu beigetragen, dass sie bis heute in der Meteorologie verwendet werden.

Von 1815 an hat Goethe immer wieder Wolkenformationen und besonders ihre Übergänge ineinander beobachtet und aufgezeichnet (Abb. 8). Die Systematik der Wolkenformen lässt sich schließlich noch in der Schlussszene von *Faust II* wiederfinden, als Fausts „Unsterbliches“ in die Schichten der „höhern Atmosphäre“ aufsteigt.[60]

## *Die symbolische Naturdeutung: Dem Geheimnis verpflichtet*

Es gehört zu Goethes Tragik als Wissenschaftler, dass er mit seinen ersten Forschungsbeiträgen keinen Erfolg hatte und erst viel später damit vor ein größeres Publikum gelangen konnte. Doch um 1800 hatte sich die Landschaft der Wissenschaften verändert. In Deutschland war die romantische Naturphilosophie entstanden, die eine ganzheitliche Sicht der Natur lehrte. Goethes morphologische Arbeiten übten vor allem auf Friedrich Wilhelm Joseph Schelling einen nicht unbedeutenden Einfluss aus. Schelling berief sich in seinem Frühwerk oft auf Goethe, so dass dieser nun auf ein interessierteres Publikum hoffen konnte, als es vor der Jahrhundertwende der Fall gewesen war. Nun hätte die Erntezeit des Naturforschers Goethe beginnen können, es entstand der Plan zur Veröffentlichung seiner naturwissenschaftlichen

60 FA I, 7/1, S. 459 (nach V. 11933).

Schriften. Durch die Napoleonischen Kriege und andere Hemmnisse blieb das Projekt aber liegen – nur die dreibändige Farbenlehre ist 1810 erschienen.

In den Jahren 1817–1824 veröffentlichte Goethe schließlich zwei Heftreihen: *Zur Naturwissenschaft überhaupt* – dies umfasste Geologie, Meteorologie und Farbenlehre – und *Zur Morphologie*. Das meiste, was er innerhalb von zwanzig oder mehr Jahren geschrieben hatte, kam jetzt erstmals zum Druck und vor eine staunende Öffentlichkeit. Vieles aus diesen Aufsätzen und Studien war aber von der Zeit bereits überholt – so wurde die Publikation für Goethe selbst Gelegenheit zur Rückschau auf sein Forscherleben. Die Hefte tragen den Untertitel *Erfahrung, Betrachtung, Folgerung – durch Lebensereignisse verbunden*. Dank diesem biographischen Prinzip blieben die Beiträge auch außerhalb der eher zeitgebundenen wissenschaftlichen Inhalte interessant, weil sie zugleich den Entwicklungsgang der Naturforschung und den des Naturforschers Goethe dokumentieren.

In diesen späteren Jahren kommt es bei Goethe zu einer Verallgemeinerung oder Transzendierung von Begriffen und Befunden, die er als Naturforscher erarbeitet hatte. Immer mehr betont er jetzt die symbolische Bedeutung seiner Erkenntnisse. Unter den Gesetzen der Metamorphose sind vor allem drei zu nennen, die Goethe auch im Zusammenhang des menschlichen Lebens oft gebraucht hat: das Gesetz der Stetigkeit, das Gesetz der Kompensation und das Gesetz der Steigerung. Sie lassen sich an Goethes Arbeiten in den drei Naturreichen anknüpfen, weil in jedem dieser Reiche eines der Gesetze besonders deutlich zur Geltung kommt.

In der Geologie ist das Gesetz der *Stetigkeit* vorherrschend. Goethe hat die Lehre von den Steinen anfänglich auch in die Morphologie einzugliedern versucht, doch musste er bald erkennen, dass im anorganischen Bereich andere Prioritäten gelten. Es fehlte die in den organischen Reichen zentrale Steigerung, denn der Granit als ältestes Gestein war für Goethe zugleich das vollkommenste. Für ihn war der Aufbau der Erdkruste ein langsamer, stetiger Prozess, der ohne gewaltsame Einwirkungen vor sich gegangen war. Die Anzeichen für eine rege vulkanische Tätigkeit in der Erdkruste, die der Neptunismus nicht überzeugend erklären konnte, nahm er dagegen nur widerwillig zur Kenntnis. Die

„vermaledeite Polterkammer der neuen Weltschöpfung“[61] passte nicht in sein Naturkonzept.

Verallgemeinerungen aus dem Gesetz der Stetigkeit werden in Goethes Beurteilung von gesellschaftlichen Veränderungen sichtbar. So konnte er sich bekanntlich nie für die Französische Revolution erwärmen. Gemäß Eckermann gab er als Erklärung: „[…] jedes Gewaltsame, Sprunghafte, ist mir in der Seele zuwider, *denn es ist nicht naturgemäß*“.[62] – „Naturgemäß“ war für Goethe nur das, was sich in einer regelmäßigen Folge entwickelt. „Folge“ wurde für ihn deshalb im Alter zu einem eigentlichen Losungswort. Dies ermöglichte ihm auch die richtige Erkenntnis von geologischen Prozessen, dort wo sie sich durch langsam wirkende Kräfte wie die Erosion manifestieren.

Zwei Beispiele seien erwähnt: 1820 erkannte Goethe richtig, dass das Felslabyrinth der Luisenburg im Fichtelgebirge sich als Erosionsphänomen erklären ließ und nicht etwa durch Erdbeben oder vulkanische Aktivitäten entstanden war, wie Zeitgenossen behauptet hatten. Er ließ zu seinem Aufsatz in den Heften *Zur Naturwissenschaft überhaupt* eine Tafel anfertigen, worin er die scheinbar chaotischen Trümmer anschaulich durch Verwitterung von ursprünglich regelmäßig geformten Granitfelsen erklären konnte (Abb. 9).

Schließlich hat Goethe 1828 zur Erklärung der in Norddeutschland und im Alpenvorland in großer Zahl vorkommenden Findlinge als Erster öffentlich die Hypothese einer Eiszeit vertreten, die noch bis in die 1860er Jahre hinein umstritten war. Die Passage findet sich im achten Kapitel seines Altersromans *Wilhelm Meisters Wanderjahre*, und Goethe wurde deshalb von den späteren Vertretern der Eiszeithypothese als Vorläufer anerkannt.[63]

Auch in Goethes Gesteinssammlung spiegelt sich die Bedeutung der Stetigkeit, da er immer wieder die Übergänge zwischen verschiedenen Gesteinsarten suchte und sie in einer Folge aus-

61 FA I, 25, S. 653 *(Geologische Probleme und Versuch ihrer Auflösung. Februar 1831).*

62 FA II, 12, S. 559 (27. April 1825).

63 Margrit Wyder: Noch einmal: Goethe und die Eiszeit. In: *Goethe-Jahrbuch* 129 (2012), S. 97–121.

Abb. 9: Stich von Carl Wilhelm Lieber nach einer Vorlage Goethes zu seinem Aufsatz *Die Luisenburg bei Alexanders-Bad* mit der korrekten Herleitung der Verwitterungsformen. Aus: *Zur Naturwissenschaft überhaupt*, Heft I, 3, Stuttgart/Tübingen 1820.

legte. Sich selbst und seinen Besuchern wollte er damit das schrittweise, langsame Vorgehen der Natur vor Augen stellen. Als Pädagoge schrieb er dem Verkehr mit der „großen leise sprechenden Natur“[64] ebenfalls eine wichtige Bedeutung zu. Für seinen ersten Enkel Walther Wolfgang schrieb er im April 1818 das *Wiegenlied dem jungen Mineralogen Wolfgang v. Goethe*, in dem es heißt:

> Schau in die Klüfte des Berges hinein,
> Ruhig entwickelt sich Stein aus Gestein.
>
> Ewig natürlich bewegende Kraft
> Göttlich gesetzlich entbindet und schafft;
> Trennendes Leben, im Leben Verein,
> Oben die Geister und unten der Stein.[65]

Als zweites morphologisches Prinzip ist das Gesetz der *Kompensation* zu nennen. Es wurde von Goethe zuerst in der Zoologie entwickelt. Das Kompensationsgesetz ist ein Gesetz des Ausgleichs: Es besagt, dass die Natur für jedes Geschöpf nur einen bestimmten Haushalt, einen „Etat“ zur Verfügung hat, wie Goethe es nannte.[66] Wenn auf einen Teil mehr verwendet wird, muss dafür ein anderer darben. So besitzt beispielsweise die Giraffe einen langen Hals, aber einen kurzen Körper; die Schlange verfügt über einen langen Körper, hat dafür aber keine Beine; oder die Raubtiere besitzen ein vollständiges Gebiss, jedoch keine Hörner, während es bei den grasfressenden Tieren umgekehrt ist. – Die Beispiele, die Goethe anführte, werden in der heutigen Biologie anders erklärt, nämlich mit Selektionsdruck oder mit Anpassungen an eine unterschiedliche Lebensweise. Weniger zeitgebunden sind die allgemeinen Folgerungen, die er aus dem Etat-Gesetz abgeleitet hat. In seinem Fragment gebliebenen Lehrgedicht über die *Metamorphose der Tiere* heißt es zum Kompensationsgesetz:

64 FA I, 25, S. 314 *(Granit II)*.

65 FA I, 2, S. 606.

66 FA I, 24, S. 233 *(Erster Entwurf …)*.

Dieser schöne Begriff von Macht und Schranken, von Willkür
Und Gesetz, von Freiheit und Maß, von beweglicher Ordnung,
Vorzug und Mangel, erfreue dich hoch; die heilige Muse
Bringt harmonisch ihn dir, mit sanftem Zwange belehrend.
Keinen höhern Begriff erringt der sittliche Denker,
Keinen der tätige Mann, der dichtende Künstler; der Herrscher,
Der verdient es zu sein, erfreut nur durch ihn sich der Krone.[67]

Das Kompensationsgesetz betrifft auch die Kunst in ihrer klassischen Ausprägung, deren Ziel ja Harmonie war – beispielhaft dafür steht in dem Metamorphose-Gedicht die Zeile „Denn nur also beschränkt war je das Vollkommene möglich.“[68] Aber das Gesetz gilt ebenso für die menschliche Lebensführung und Charakterbildung, wo Goethe jede Einseitigkeit vermieden haben wollte. Und nicht zuletzt stellte der Geheimrat hier auch einen guten Rat für die Fürsten seiner Zeit bereit, die ihren Landes-Etat zu verwalten hatten.

Auch die von Goethe im Alter immer mehr betonte Polarität aller Lebensäußerungen lässt sich an das Etat-Prinzip anschließen: Sei es im Ein- und Ausatmen, sei es in der Systole und Diastole des Herzschlages – bei zeitlichen Phänomenen wirkt das Gesetz der Kompensation als ein rhythmisches Wechselspiel, in dem jedes Ausgreifen in ein Extrem das andere Extrem hervorruft und so das Ganze ausbalanciert. Sogar das menschliche Auge funktioniert so, dass es, wie Goethe es in seiner Farbenlehre als Gesetz formuliert hat, jeweils die Gegenfarbe zu einer ihm dargebotenen Farbfläche in sich hervorbringt, um damit eine ausgleichende „Totalität“ zu erreichen.[69]

Das dritte Prinzip, das Goethe in der Natur fand, ist das Gesetz der *Steigerung*. Es ist am deutlichsten in der Metamorphose der Pflanzen sichtbar, aber auch in der Verwandlung der Insekten, wo der Begriff Metamorphose ja ursprünglich herstammt. Die Transzendierung dieses Gesetzes lautet: Alle Geschöpfe sind von der Natur zu einem stetigen qualitativen

67 FA I, 2, S. 500.

68 Ebd. S. 499.

69 FA I, 23/1, S. 44–50 (*Zur Farbenlehre. Didaktischer Teil,* § 47–61).

Abb. 10: *Faust II*, 2. Akt: Die Entstehung des Homunculus, von Engelbert Seibertz, Stahlstich, 1850. In der Figur des „Doktor Wagner" karikiert Goethe den dummdreisten Wissenschaftler, der glaubt, das Leben in seine Gewalt bringen zu können. – Das Experiment gelingt nur mit Mephistos Beistand, und zur eigentlichen Menschwerdung des Homunculus ist schließlich sein Eintauchen in den Ozean nötig.

Wachstum bestimmt – wenn es im Leben Zeiten der Erstarrung oder des scheinbaren Rückschritts gibt, so ist das nur wie der Puppenzustand der Insekten zu deuten. Die Stufen, die eine Pflanze bis zur Frucht durchläuft, und die Himmelsstufen, die Faust am Schluss des zweiten Teils in die höheren Sphären führen, sind deshalb Ausdruck eines analogen Strebens, das für Goethe in der Natur selbst liegt – das heißt, es liegt *in* der Natur, führt aber letztlich über die sichtbare Natur *hinaus*. Goethe hat Steigerungsprozesse in der Natur auch als Zeichen für ein zukünftiges Weiterleben nach dem Tod gedeutet. Der Mensch ist für ihn immer ein Werdender, er steht in einer dauernden Verwandlung. Diese Veränderung soll aber langsam und „naturgemäß" vor sich gehen, nicht künstlich, wie es Doktor Wagner im zweiten Teil des *Faust* bei der Produktion des Homunculus versucht (Abb. 10).

Die vielfältigen Anwendungsmöglichkeiten der von Goethe festgestellten Naturgesetze erklären, warum für ihn die Naturwissenschaften so zentral waren. Sie prägten sein Denken in einer Wechselwirkung: Denn ohne die Beschäftigung mit der Natur wäre Goethe nicht der Dichter und Mensch geworden, den wir bis heute als Ausnahmeerscheinung anerkennen. In der Naturbetrachtung kamen seine besten Eigenschaften zur Entfaltung: Geduld, Sorgfalt, Selbstdisziplin, vor allem aber die Begeisterungsfähigkeit bis ins höchste Alter, die Fähigkeit zum Staunen – auch über scheinbare Selbstverständlichkeiten wie eine sich öffnende Blüte. Obwohl er gern ins Allgemeine vorstößt, vergisst er darüber nicht das Einzelne. Goethe nimmt als Wissenschaftler seine Forschungsobjekte ernst und tritt der Natur als ganzer Mensch gegenüber, bereit, von ihnen zu lernen und sich ergreifen zu lassen. Er selbst konnte denn auch im Alter gelassen sagen: „Das schönste Glück des denkenden Menschen ist das Erforschliche erforscht zu haben und das Unerforschliche ruhig zu verehren."[70]

## *Versuch eines Fazits*

Wie könnte nun ein Fazit von Goethes Wirken als Naturforscher lauten? Er fand in seiner Zeit wenig Nachfolger. Im 19. Jahrhundert verstärkte sich die Tendenz, naturwissenschaftliches Forschen von den Lebenszusammenhängen abzutrennen. Die zunehmende Spezialisierung führte dazu, dass die Wissenschaften immer mehr professionalisiert wurden und sich damit auch zunehmend als ein reines Männergeschäft etablierten, von dem die Frauen sich ausgeschlossen sahen; sie erhielten nur noch eine schöngeistige Bildung.

70 FA I, 13, S. 240 *(Sprüche in Prosa).*

In den Theorien der neuen Wissenschaftler-Generation wurden keine „Geister" mehr geduldet. Dem alten Goethe blieb die sich ankündigende Entwicklung der Naturwissenschaften hin zum reinen Faktenwissen nicht verborgen. In einem Brief an den Freund Zelter beklagte er sich, dass von den seit 1825 durchgeführten Jahreskongressen der deutschen Naturforscher und Ärzte „außer gewissen Einzelnheiten, die mir aber eigentlich doch auch nur Kenntnis geben", „keine neue Forderung" und „keine neue Gabe" an ihn gelangt sei; dabei habe er doch „redlich aufgepaßt", ob ihn „auch nur etwas berühre, anrühre, anrege".[71] In dieser Stellungnahme Goethes ist auch eine tiefe Besorgnis enthalten, dass das einer geistigen Orientierung dienende Wissen, das er sich erarbeitet hatte, in naher Zukunft verloren gehen könnte. – Dies schien sich im Fortgang des 19. Jahrhunderts auch zu bewahrheiten.[72]

Und doch: Seit dem 20. Jahrhundert werden die wissenschaftlichen Werke der meisten Zeitgenossen aus der Goethezeit nur noch unter historischen Gesichtspunkten gelesen, während Goethes naturwissenschaftliche Schriften immer wieder faszinierte Leser gefunden haben, die sie weiter vermittelt und auch weitergedacht haben – beginnend mit Rudolf Steiner, der als Redakteur die naturwissenschaftlichen Schriften Goethes in der Weimarer Ausgabe bearbeitete. Wissenschaftler wie Carl Friedrich von Weizsäcker oder Intellektuelle wie Adolf Muschg[73] schätzten ihn hoch ein: Sie erkannten in Goethes Denkweise einen Gegenentwurf zur herrschenden positivistischen Naturwissenschaft mit ihren unabsehbaren Folgen für Mensch und Mitwelt. Den „faustischen" Drang nach grenzenloser Naturbeherrschung hat Goethe als ein wohl unabdingbares, aber zutiefst fragwürdiges Streben des Menschen dargestellt. Seine Forderung nach maßvollem Umgang mit der Natur und seine Anerkennung von Grenzen innerhalb des Forschens sind bis heute bedenkenswert.

71 WA IV, 44, Bd. 5, S. 182 (an C. F. Zelter, 10. Juli 1828).

72 Ein Überblick zur Rezeptions- und Wirkungsgeschichte von Goethes naturwissenschaftlichen Schriften im 19. und 20. Jahrhundert findet sich im *Goethe Handbuch. Supplementsband 2, Naturwissenschaften*. Hrsg. v. Manfred Wenzel. Stuttgart 2012, S. 251–289.

Entscheidend zu der immer wieder anregenden Wirkung von Goethes Denken scheint gerade die spezifische Form der Überlieferung beigetragen zu haben. Wie schon erwähnt ist die Druckgeschichte von Goethes Schriften zur Naturwissenschaft eine verwickelte und fragmentarische Angelegenheit. So konnte er zunächst mit seinen neuen Erkenntnissen die Zeitgenossen kaum beeinflussen, und nach 1800 war die Wissenschaft schon weiter fortgeschritten. Doch die späte, ja eigentlich verspätete Veröffentlichung in den Heftreihen *Zur Morphologie* und *Zur Naturwissenschaft überhaupt* bewog Goethe, seine Aufsätze und Studien in einen autobiographischen Kontext einzubringen und sie durch kurze Gedichte zu ergänzen, die auch den tieferen Hintergrund seines Naturverständnisses andeuten. So erschien hier 1820 das bilanzierende Gedicht *Parabase* mit seinem emphatischen Schlussvers:

Freudig war, vor vielen Jahren,
Eifrig so der Geist bestrebt,
Zu erforschen, zu erfahren,
Wie Natur im Schaffen lebt.
Und es ist das ewig Eine,
Das sich vielfach offenbart;
Klein das Große, groß das Kleine,
Alles nach der eignen Art.
Immer wechselnd, fest sich haltend.
Nah und fern und fern und nah;
So gestaltend, umgestaltend –
Zum Erstaunen bin ich da.[74]

Paradoxerweise war es also gerade die anfängliche Erfolglosigkeit seiner wissenschaftlichen Bemühungen, die uns heute den Zugang zu diesen Schriften erleichtert. Dem Freund Zelter gegenüber hat Goethe diesen ihm eigentümlichen, vom Subjekt und seiner Geschichte ausgehenden Ansatz gerechtfertigt und auch verallge-

73 Adolf Muschg: *Goethe als Emigrant. Auf der Suche nach dem Grünen bei einem alten Dichter*. Frankfurt a. M. 1986.

74 FA I, 2, S. 495.

meinert, als er den Jahreskongress der Gesellschaft der Deutschen Naturforscher und Ärzte von 1829 kommentierte:

> […] am meisten aber fordert mich auf dasjenige zu retten was ich für Naturkunde gethan habe. Von den dreyhundert Naturforschern, wie sie [in Heidelberg] zusammengekommen, ist keiner der nur die mindeste Annäherung zu meiner Sinnes-Art hätte, und das mag ganz gut seyn. Annäherungen bringen Irrungen hervor. Wenn man der Nachwelt etwas Brauchbares hinterlassen will, so müssen es Confessionen seyn, man muß sich als Individuum hinstellen wie man's denkt, wie man's meint, und die Folgenden mögen sich heraussuchen was ihnen gemäß ist und was im Allgemeinen gültig seyn mag.[75]

Nicht Resignation, sondern persönliches Bekenntnis steht somit am Schluss von Goethes Forscherleben. In einem Zeitalter, das absoluten Konzepten zu misstrauen gelernt hat, muss diese relativierende Sicht, die Goethe sowohl in die Methodik wie in die Darstellung der Naturwissenschaften eingeführt hat, wieder vermehrt Aufmerksamkeit finden. Die Auseinandersetzung mit Goethes „Sinnes-Art" eröffnet so immer wieder unvermutete Ein- und Ausblicke – wenn nicht in die Natur selbst, so doch in die Möglichkeiten eines angemessenen Umgangs mit ihr. Er hat es uns als seiner Nachwelt überlassen, diese Anregungen aufzunehmen und sie fruchtbar werden zu lassen.

75 WA IV, 46, S. 129 (an C. F. Zelter, 1. November 1829).

*Verzeichnis der verwendeten Siglen:*

FA J. W. Goethe. Sämtliche Werke. Briefe, Tagebücher und Gespräche. [Frankfurter Ausgabe]. Hrsg. v. Friedmar Apel u. a. 40 Bde. in 2. Abt. Frankfurt a. M. 1985–1999

GG Goethes Gespräche. [...] auf Grund der Ausgabe und des Nachlasses von Flodoard Freiherrn von Biedermann ergänzt und hrsg. v. Wolfgang Herwig. Bd. 1–5 (in 6). Zürich u. Stuttgart (Bd. 1–3), Zürich u. München (Bd. 4–5) 1965–1987

WA Goethes Werke. Hrsg. im Auftrage der Großherzogin Sophie von Sachsen. 4 Abt. Weimar 1887–1918

*Malte Stein*

# Stilles Unglück im Winkel. Die Familie in Goethes bürgerlichem Epos *Hermann und Dorothea*

## *I.*

Der Rezeptionsgeschichte von Goethes *Hermann und Dorothea* ist bekanntlich eine gewisse Dramatik eigen: 1797 erschienen – drei Jahre nach Beendigung der jakobinischen Schreckensherrschaft in Frankreich –, avancierte die revolutionskritische Erzählung rasch zu einem Bestseller, dessen Popularität bereits zu Goethes Lebzeiten noch weiter anstieg, als sich das Büchlein 1813/14, im Kontext der Befreiungskriege, als eine frühe Ermutigung zum Kampf gegen die französische Fremdherrschaft auffassen ließ.[1] Von da an begann eine chauvinistische Vereinnahmung des kleinen Epos, durch die es während des gesamten 19. Jahrhunderts zu einem Kultbuch des deutschen Nationalismus wurde. Bei nationalen Feiern und Festakten vielfach zitiert, an deutschen

1 Schon wegen seines Titels ist Goethes Text als eine literarische Reaktion auch auf die Reihe der ab 1743 erschienenen Hermann-Dramen zu verstehen (1743: *Herrmann. Ein Trauerspiel* von Johann Elias Schlegel; 1749: *Arminius* von Justus Möser; 1769–1787: *Hermann's Schlacht; Hermann und die Fürsten* sowie *Hermanns Tod* von Friedrich Gottlieb Klopstock). Mit diesen Bühnenstücken, in denen die „Entstehung einer kanonisierbaren neuhochdeutschen Literatur und Stiftung eines nationalistischen Narrativs […] zusammen-[fallen]" (Wolfgang Müller-Funk: Die Kultur und ihre Narrative. Eine Einführung. Wien, New York 2002, S. 232), wurde die „Bereitschaft zum Kampf und Tod für's Vaterland" mit „Breite und Intensität" als Verhaltensnorm propagiert (Hans-Peter Hermann et al.: Machtphantasie Deutschland. Nationalismus, Männlichkeit und Fremdenhaß im Vaterlandsdiskurs deutscher Schriftsteller des 18. Jahrhunderts. Frankfurt a. M. 1996, S. 57). Spätestens seit der preußischen Niederlage gegen Napoleon (1806) geriet der von Tacitus erstmals erwähnte Cherusker Arminius alias Hermann, unter dessen Führung ein germanisches Heeresaufgebot im Jahre 9 n. Chr. die Legionen des römischen Statthalters Varus verheerend geschlagen haben soll, zu einer Identifikationsfigur für all jene, die sich mit der französischen Fremdherrschaft nicht abfinden wollten. Der damals entstehenden Nationalbewegung galt Hermann

Schulen verbindlich gelesen und von der Literaturkritik pathetisch überhöht, fungierte der in Hexametern verfasste Text „als eine Art säkularisiertes Gebetbuch zur quasi-metaphysischen Stärkung der deutsch-bürgerlichen Seele“.[2] Er entwickelte sich zu Goethes „erfolgreichstem Werk“,[3] bis schließlich die beiden Weltkriege für eine Wende im Rezeptionsverlauf sorgten. „Nach den hoffnungsfrohen Anfängen und berauschenden Triumphen“ der Vergangenheit erfolgte nunmehr ein „unaufhaltsame[r] Niedergang mit katastrophalem Ende“.[4] Denn je mehr der deutsche Nationalismus sich diskreditierte, desto tiefer sank auch die Wertschätzung für Goethes nach Hermann dem Cherusker benannten Titelhelden und dessen am Handlungsende bekundeten Kampfeseifer. Vor dem Hintergrund seiner von Deutschtümelei geprägten Auslegungsgeschichte musste der Text in den Augen einer kriegsmüden Leserschaft als ideologieverdächtig oder zumindest doch altbacken erscheinen. Nicht zuletzt deshalb wohl und vermutlich auch wegen seines altertümlichen Versmaßes ist der einstige Verkaufsschlager des Weimarer Dichterfürsten, will man aktuellen Einschätzungen Glauben schenken, zu einem „Ladenhüter“[5] verkommen, der gegenwärtig „selbst von Spezialisten kaum noch gelesen wird“.[6]

als der erste historisch fassbare Deutsche, mit dessen Sieg über die Römer die Entstehungsgeschichte Deutschlands begonnen habe (vgl. Herfried Münkler: Die Deutschen und ihre Mythen. Berlin 2009, S. 165 ff.). Sichtbarstes Zeichen für die identitätsstiftende Bedeutung dieses politischen Mythos ist, neben zahlreichen literarischen Gestaltungen des Stoffes, das in der Nähe von Detmold errichtete Hermann-Denkmal.

2 Paul Michael Lützeler: Geschichte in der Literatur. Studien zu Werken von Lessing bis Hebbel. München 1987, S. 86.

3 Heiko Christians: Der Traum vom Epos. Romankritik und politische Poetik in Deutschland (1750–2000). Freiburg im Breisgau 2004, S. 11.

4 Lützeler (wie Anm. 2), S. 88.

5 Ebd., S. 86.

6 Christians (wie Anm. 3), S. 11.

## *II.*

Einen der seltenen Versuche, das Interesse an *Hermann und Dorothea* wiederzubeleben, ohne dabei ins frühere Heimat- und National-Pathos zurückzufallen, hat im Jahre 1963 der Literaturdidaktiker Rolf Geißler unternommen.[7] Besser als andere Interpreten vor und nach ihm vermochte Geißler deutlich zu machen, dass die in Goethes Text enthaltene Gesellschaftskritik in zweierlei Richtung deutet: Berichten im Epos Figuren von Radikalisierung, Kriegsverbrechen und Flüchtlingselend, so lässt sich das als Kritik an einer im Zuge der Französischen Revolution zu beobachtenden „Preisgabe der Vernunft" verstehen sowie als Warnung vor einem revolutionsbedingten „Überhandnehmen des Chaotischen".[8] Von nicht minder kritischer Absicht zeugt laut Geißler jedoch auch das Bild, das Goethe in *Hermann und Dorothea* von den Bürgern einer deutschen Kleinstadt zeichnet. Deren Alltagssorgen wirkten in diesem Idyll, verglichen mit den Nöten der am Städtchen vorbeiziehenden Kriegsflüchtlinge, „geradezu frivol", ihre Hilfeleistungen für die entwurzelten Landsleute durchaus kleinherzig:

> Da ist der materialistisch-egoistische Vater, der am liebsten von der ganzen Geschichte nichts hören möchte […]. Da ist der Nachbar, der sein Bündel immer schon gepackt hat und froh ist, in solchen Zeiten nicht um Frau und Kinder sorgen zu müssen, den es aber schmerzt, müsste er auf seine Kräutersammlung verzichten, und der wohlweislich kein Geld mit hinausnimmt zu den Flüchtlingen, sodass sie sich mit seinem Tabaksbeutel als Geschenk begnügen müssen. Da ist der Geistliche, der zwar vermittelnd mit Rat und Gespräch zur Stelle ist, der aber in seiner selbstsicheren Gefestigtheit nicht zur tätigen Hilfe kommt, dessen Weisheit darin besteht, alles Natürliche gutzuheißen, und der alles recht findet, so wie es ist. Da ist schließlich die Mutter, […] [die] [z]war […] über sich hinaus[gelangt] (als Einzige der Erwachsenen), aber doch nur bis zu ihrem Sohn.[9]

7 Rolf Geißler: Goethes *Hermann und Dorothea* im Unterricht, in: Wirkendes Wort 13 (1963), S. 52–58.

8 Ebd., S. 57.

9 Ebd., S. 56.

Während der Flüchtlingsstrom gemäß Geißlers Deutung ein Beispiel abgibt für „das Planlos-Hastige, das Verwirrende und Chaotische, das Handeln ohne Sinn und Verstand“, stehen die Kleinstadtbewohner für eine „satte, selbstzufriedene Vernunft, die sich mit dem rein Nützlichen identifiziert“.[10] In beiden Fällen führe Goethe seelische Deformationen vor, mit denen der moderne Mensch hinter dem Ideal wahren Menschseins schmerzlich zurückbleibe. Nicht anders nämlich als „die Preisgabe der Vernunft und das Überhandnehmen des Chaotischen“ verfehle auch die „Reduktion der Ordnung und des Verstandes auf das pure Nützliche“ – jedenfalls nach Vorstellung der Weimarer Klassik – das „Wesen des Menschen“.[11]

Geißlers zentrale These besteht nun in der Behauptung, dass sich der Text auf eine solche Missstandsdiagnose nicht etwa beschränke, er vielmehr auch ein utopisches Moment in sich berge, das zu des Lesers Ermutigung und Ermunterung diene:

> Ein nicht wirkliches Ideal des Menschseins wird in der Dichtung verwirklicht, es erhält hier seine Wirklichkeit, aus der die Menschen der Lebenswirklichkeit, indem ihnen die Möglichkeit der Verwirklichung dieses Ideals vor Augen gestellt wird, Hoffnung und Verpflichtung erkennen sollen.[12]

In den beiden Titelfiguren des Epos erblickt Geißler eine dichterische Verwirklichung des in der Realität unerreichten Menschlichkeits-Ideals. An ihnen, dem 19-jährigen Wirtssohn Hermann und der Heimatvertriebenen Dorothea, offenbare sich die von den anderen Figuren verfehlte „Wesensmitte des Menschlichen“.[13] Ihr Zueinanderfinden in schlimmen Zeiten lege die Botschaft nahe, „dass das Ideal des Menschseins [...] als ein z. Z. noch Unwirkliches den Menschen hic et nunc übersteigt, dass es aber, der [...] alltäglichen Welt entrissen, dennoch in dieser Welt verwirklicht werden soll“.[14]

10 Ebd., S. 56.
11 Ebd., S. 56.
12 Ebd., S. 58.
13 Ebd., S. 57.
14 Ebd., S. 58.

Goethes Epos in dieser Weise als ein Ermutigungsbuch zu lesen, geht nur unter der Bedingung, dass man die darin erzählte Brautwerbungsgeschichte nach allerlei Komplikationen zu einem guten Ende kommen sieht. Entsprechend beteuert denn Geißler auch, dass die Begegnung mit der von Anfang an besonnen, hilfsbereit und tatkräftig handelnden Dorothea den häuslich-schüchternen Hermann auf positive Weise verändere, insofern sie ihm im Laufe der Handlung zu immer mehr innerer „Ruhe und Festigkeit“[15] verhelfe. Der Gipfelpunkt dieses Reifungsprozesses soll dann des Helden abschließendes Eheversprechen sein:

> [...] Wir wollen halten und dauern,
> Fest uns halten und fest der schönen Güter Besitztum.
> Denn der Mensch, der zur schwankenden Zeit auch
> schwankend gesinnt ist,
> Der vermehret das Übel, und breitet es weiter und weiter;
> Aber wer fest auf dem Sinne beharrt, der bildet die Welt sich.
> (IX, V. 300–304)[16]

Diese Worte verhießen einen „idyllischen Zustand“, der, statt auf bloßer Schicksalsgunst zu beruhen, „errungen wurde gegen das Chaos der Welt“ und deshalb nichts mehr gemein habe mit jenem stillen Winkelglück, an das die von Goethe karikierten Spießbürger sich klammerten, beteuert Geißler.[17]

Anders als er bin ich allerdings durchaus nicht der Meinung, dass Goethe seine Hermann-Figur sich auf vorbildhafte Weise entwickeln lässt. Wie ich mit meinem Aufsatz verdeutlichen möchte, ist bei genauer Lektüre eher auf ein Scheitern der dargestellten Entwicklung zu schließen. Eine die Brautwerbung in Gang setzende Adoleszenz-Krise gelangt trotz der Verlobung,

15 Ebd., S. 57.

16 Zitate aus Goethes Werk erfolgen nach der Münchner Ausgabe, Band 4.1: Wirkungen der Französischen Revolution 1791–1797, hg. von Reiner Wild. Genehmigte Taschenbuchausgabe. München 2006, S. 551–629. Die genauen Stellenangaben finden sich den Zitaten im Fließtext unmittelbar nachgestellt. Die römische Ziffern bezeichnen die Nummer des jeweiligen Gesangs, die arabischen Ziffern die Nummern der zitierten Verse.

17 Geißler (wie Anm. 7), S. 57.

mit der die Erzählung endet, zu keiner als positiv zu bewertenden Lösung, sodass man Ermutigung aus dem Handlungsausgang gerade nicht ziehen kann.

## *III.*

Erste Zweifel an dem vermeintlich glücklichen Ende ergeben sich bei einem nochmaligen Blick auf Hermanns den Text beschließende Rede. Geißler hat diese unvollständig zitiert. Sie geht nämlich noch weiter und mündet in des Bräutigams Ankündigung, bei nächster Gelegenheit in den Krieg ziehen zu wollen:

> Denn es werden noch stets die entschlossenen Völker gepriesen,
> Die für Gott und Gesetz, für Eltern, Weiber und Kinder
> Stritten und gegen den Feind zusammenstehend erlagen.
> Du bist mein; und nun ist das Meine meiner als jemals.
> Nicht mit Kummer will ichs bewahren und sorgend genießen,
> Sondern mit Mut und Kraft. Und drohen diesmal die Feinde,
> Oder künftig, so rüste mich selbst und reiche die Waffen.
> Weiß ich durch dich nur versorgt das Haus und die liebenden Eltern,
> O, so stellt sich die Brust dem Feinde sicher entgegen.
> (IX, 308–316)

Derlei Kampfes- und Sterbensbereitschaft könnte man für einen Ausdruck der von Geißler behaupteten neuen „Festigkeit“ halten, fände sich eine ganz ähnliche Absichtserklärung nicht auch schon an früherer Stelle geäußert. Noch vor seiner Werbung um Dorothea hat Hermann bereits seiner Mutter eröffnet, er wolle sein Elternhaus unverzüglich verlassen, um sich als Soldat in den Dienst des Vaterlandes zu stellen:

> Sehet, ich werde nicht wieder nach Hause kehren! Von hier aus
> Geh’ ich gerad’ in die Stadt, und übergebe den Kriegern
> Diesen Arm und dies Herz, dem Vaterlande zu dienen.
> (IV, 106–108)

Bemerkenswert ist das insofern, als sich die Mutter von solch „bedeutenden Reden“ keineswegs hat beeindrucken lassen. Des

Sohnes patriotischer Eifer ist ihr damals als bloßer Vorwand erschienen:

> Du verbirgest dein Herz, und hast ganz andre Gedanken.
> Denn ich weiß es, dich ruft nicht die Trommel […].
> (IV, 120 f.)

Und in der Tat hat dann Hermann auch zugeben müssen, von der Mutter zwar nicht gerade beim Lügen, wohl aber bei „halber Verstellung“ und „halbwahren Worten ertappt“ worden zu sein (IV, 136):

> Denn, gesteh’ ich es nur, nicht ruft die nahe Gefahr mich
> Aus dem Hause des Vaters, und nicht der hohe Gedanke,
> Meinem Vaterland hülfreich zu sein und schrecklich den Feinden.
> Worte waren es nur, die ich sprach; sie sollten vor Euch nur
> Meine Gefühle verstecken, die mir das Herz zerreißen.
> (IV, 137–141)

Vor diesem Hintergrund drängt sich die Frage auf, warum denn die am Ende vor Dorothea gehaltene Rede durchweg glaubwürdiger sein sollte als die ehedem gegenüber der Mutter formulierten Aussagen? Könnte nicht auch dem in der Schlussrede angestimmten Vaterlandspathos die Funktion zukommen, lediglich „verstecken“ zu sollen, aus welchen wahren Motiven heraus der soeben erst Verlobte bereits wieder ans Weggehen denkt?

Ein solcher Verdacht gewönne an Plausibilität, wenn sich am Text aufzeigen ließe, dass die Kommunikationsverhältnisse, die Goethe uns vorführt, auch ansonsten von Halbwahrheiten und Verstellung geprägt sind.

Um das zu prüfen, empfiehlt sich ein genauerer Blick auf die Beziehungsdynamiken, die in Hermanns Herkunftsfamilie herrschen. Wilhelm von Humboldt zufolge vermittelt Goethes Dichtung das weitgehend ungetrübte Bild eines „stillen Familienglücks“[18]. Und auch noch in aktuellen Kommentaren wird das

18 Wilhelm von Humboldt. Gesammelte Schriften, hg. von der Preußischen Akademie der Wissenschaften. Berlin 1904–1912. Band 2 *(Ästhetischer Versuch über Hermann und Dorothea)*, S. 124.

familiäre Umfeld des Protagonisten als ein Komplementärraum zu den von Krieg und Vertreibung geprägten Außenbereichen beschrieben. Registriert haben will man die „idyllische Behaglichkeit“[19] einer Familien- und Bürgersphäre, die gefährdet sei durch die von außen auf sie einwirkenden „Erosionskräfte der Historie“,[20] in ihrem Innern dagegen die rettende Tugend gedeihen lasse, sich – wie der zur Kriegsteilnahme entschlossene Held – „bewußt in den Dienst des Gemeinwesens“[21] zu stellen.

Dass Hermann gegenüber der Mutter ausdrücklich einräumt, er wolle aus „Verzweiflung“ heraus in den Krieg ziehen (IV, 143, 224), bleibt bei dieser vorherrschenden Lesart ebenso unberücksichtigt wie die später dem fremden Richter in den Mund gelegte Erkenntnis, dass just „Verzweiflung“ es sei, die bei Soldaten besonders „frevelhafte“ Neigungen „aus dem Herzen hervor[kehrt]“ (VI, 60 f.).

Statt also leichtfertig zu versichern, dass „im privaten Kreis des Hauses und der Familie“ eine gemeinwohlorientierte „Bürgerlichkeit“ zur Vollendung gelange,[22] sollten wir uns zunächst einmal dafür interessieren, worin die im Text angedeuteten Ursachen für des Protagonisten psychische Krise liegen.[23]

19 Klaus-Detlev Müller: Den Krieg wegschreiben. *Hermann und Dorothea* und die *Unterhaltungen deutscher Ausgewanderten*, in: Ironische Propheten. Sprachbewußtsein und Humanität in der Literatur von Herder bis Heine, hg. von Markus Heilmann, Birgit Wagenbaur. Tübingen 2001, S. 88.

20 Uwe Steiner: Gespenstige Gegenständlichkeit. Fetischismus, die unsichtbare Hand und die Wandlungen der Dinge in Goethes *Hermann und Dorothea* und Stifters *Kalkstein*, in: DVjs 74 (2000), S. 633.

21 Dieter Borchmeyer: Weimarer Klassik. Portrait einer Epoche. Weinheim ²1998, S. 270.

22 Ebd., S. 270.

23 Es folgt die überarbeitete Fassung einer Textanalyse, die ich, an für die Goethe-Forschung wenig sichtbarer Stelle, im Rahmen meiner auf Theodor Storm bezogenen Dissertation erstmals vorgestellt habe („Sein Geliebtestes zu töten“. Literaturpsychologische Studien zum Geschlechter- und Generationenkonflikt im erzählerischen Werk Theodor Storms. Berlin 2006, S. 109–124). Für eine ausführliche Rückmeldung auf meine Interpretation hatte ich schon damals Prof. Dr. Stefan Blessin von der Universität Hamburg zu danken.

## *IV.*

Deutlich zutage tritt Hermanns krisenhafte Verfassung in jenem schon erwähnten Gesang, dem Goethe die Überschrift „Mutter und Sohn“ gegeben hat: Dem „Jüngling edlen Gefühles“ (IV, 66) wollen dort just seine „Gefühle […] das Herz zerreißen“ (IV, 141). Er hegt „Wünsche […] im Busen“, die ihm so „vergeblich[ ]“ vorkommen, dass er als Kriegsfreiwilliger auch sein junges Leben „vergeblich dahingehn“ lassen will (IV, 142 f.). Lauter Reichtümer umgeben ihn zwar, die er als Sohn bewirtschaftet und als Erbe später besitzen soll: „Weinberg und Garten“, „Scheunen und Ställe“, „der Hof und […] das herrliche Feld“ (IV, 187 ff.). Das alles jedoch liegt „öde“ vor ihm, da er sich selber, wie so häufig seit „dunkeler Zeit der Kindheit“ (IV, 161), „einsam“ vorkommt (IV, 194).

Soeben wieder hat ihn sein Vater, was „täglich“ geschieht, mit „Schelten und Tadeln“ (III, 56) überzogen, sich im gewohnten Mittags-„Räuschchen“ (IV, 245) darüber ereifernd, dass noch immer kein „Schwiegertöchterchen“ (II, 268) ihm Gesellschaft leiste. Sohn Hermann, so beklagt sich der Wirt zum Goldenen Löwen, agiere „nach außen langsam und schüchtern“ und habe wenig „Lust“, unter Leute zu kommen (I, 207 f.). Statt mit den Altersgenossen „der jungen Mädchen Gesellschaft“ zu suchen (I, 209), zähle der Junge zu denen, die immer „zu Haus [hocken] und hinterm Ofen [brüten]“ (III, 42). Wie zuvor in der Schule, wo ihm das „Lesen und Schreiben und Lernen […] niemals wie den andern gelang“ (II, 252 f.), mache der Sohn alle Hoffnung zunichte, dass er „dem Vater nicht gleich sei, sondern ein Beßrer“ werde (III, 5), der seinem Erzeuger „vor den andern Bürgern [zur Ehre]“ gereiche (II, 250). Nach Ansicht des Wirtes müsste sich Hermann einmal – wenn auch nicht lange, denn er hat zu Hause die Arbeiten eines „Knecht[s]“ zu verrichten (II, 248) und die „Wirtschaft“ zu „führe[n]“ (II, 262) – „auf Reisen […] begeben“, um wenigstens die Städte der näheren Umgebung kennenzulernen (III, 22–24). Noch immer gültig sei nämlich das „Sprüchlein der Alten“, dass „zurücke“ komme, wer nicht voranschreite (III, 65 f.). Und es solle „doch nicht als ein Pilz der Mensch […] an dem Platze [verfaulen], der ihn erzeugt hat“ (III, 9 f.), räsoniert der Vater im Beisein von Pfarrer und Apotheker.

Anderer Meinung ist da die Mutter, welche sich „[ihren]“ Hermann „nicht schelten [lassen]“ will (III, 52). Nachdem des Vaters Vorhaltungen den Sohn vertrieben haben, verlässt auch sie die Stube und „eilt[ ]“ dem Entfleuchten „sogleich“ hinterher (III, 57), damit er mit „gütigen Worten“ (III, 57) wieder getröstet werde.

Ihre Suche nach Hermann führt die Wirtin durch Hof, Garten, Weinberg und Felder bis an die „Grenze“ (IV, 54) des elterlichen Besitzes. Noch „niemals“ hat sich der Sohn, ohne es zur Verhütung von „Sorge“ und „Furcht“ vorher anzukündigen, derart weit von zu Hause „entfernt[ ]“ (IV, 42–44), sodass die „liebende[ ] Mutter“ (IV, 244), je näher jene „Grenze“ (ihres Einflussbereichs) rückt, immer „unruhiger“ wird (IV, 39). Als sie ihren Sprössling dann endlich findet, auf „eigenem Boden“ (IV, 49) noch gerade, aber die Blicke doch in die Ferne gerichtet (IV, 61 f.), erhalten „Sorge“ und „Furcht“ schon bald neue Nahrung. Nun nämlich kommt es zu dem bereits zitierten Zweiergespräch, in welchem Hermann ankündigt, „nicht wieder nach Hause kehren“ (IV, 106), sondern zur Rekrutierung direkt in die Stadt gehen zu wollen – woraufhin die Mutter zuerst einmal „Tränen vergieß[t]“ (IV, 112), bis sie dann anhebt, dem Sohn in Herz und Gewissen zu reden:

> Sohn, was hat sich in dir verändert und deinem Gemüte,
> Daß du zu deiner Mutter nicht redest, wie gestern und immer,
> Offen und frei, und sagst, was deinen Wünschen gemäß ist?
> […]
> Denn ich weiß es, dich ruft nicht die Trommel, nicht die Trompete,
> Nicht begehrst du zu scheinen in der Montur vor den Mädchen;
> Denn es ist deine Bestimmung, so wacker und brav du auch sonst bist,
> Wohl zu verwahren das Haus und stille das Feld zu besorgen.
> (IV, 113–124)

Mit einem Hinweis auf die „Bestimmung“ stellt die Wirtin Hermanns Verbleib im Hause als gottgewollt dar. Schon ihrem Gatten, als dieser sich über des Sohnes Häuslichkeit ärgerte, hielt sie entgegen, es seien Kinder nun einmal nicht nach Belieben zu „formen“; man müsse den Nachwuchs „haben und lieben“, wie „Gott“ ihn „gab“ (III, 47 f.) – und also den Nesthocker Hermann ruhig „hocken“ und „brüten“ lassen (III, 42).

Auf solche Weise den familiären Ist-Zustand affirmierend, spricht sich die Mutter nicht allein gegen eine Meldung zum Kriegsdienst aus. Ihren Aussagen zufolge verbietet sich dem Sohn ein jeglicher Weggang von seinen Eltern. Unter Berufung auf Gottes Vorhersehung wird es Hermann zur Pflicht gemacht, an genau jenem „Platze" zu bleiben, an dem er nach des Vaters Spruchweisheit gerade nicht „verfaulen" sollte – und wo weiter zu leben ihm auch der Herrgott schwerlich bestimmt haben wird.

Dass es in der Tat scheinheilig ist, wenn die Mutter mit dem Hinweis auf göttliche Vorgaben argumentiert, erhellt sich im Vergleich mit einem der bekanntermaßen wichtigsten Prätexte zu *Hermann und Dorothea*: In Johann Heinrich Vossens *Luise*, jener vor Goethes Epos ersten deutschsprachigen Dichtung, in der ein bürgerliches Milieu in Hexametern dargeboten wird, erinnert vor dem heiratsbedingten Auszug seiner einzigen Tochter auch Pfarrer Blume an Gottes Gaben und Gebote – dies allerdings nicht so sehr zu einer Steuerung des Kindesverhaltens, wie Hermanns Mutter sie anstrebt, als vielmehr dazu, sich aus gegebenem Anlaß auf die Normen des eigenen Handelns zu besinnen. Während die Mutter bei Goethe ausschließlich von des Sohnes „Herz" und „Bestimmung" spricht, über sich selbst aber und den Grund ihrer „Tränen" kein Wort verliert, bringt der künftige Schwiegervater offen zum Ausdruck, dass ihn Luises Fortgang mit Schmerz erfüllt – er als „Mensch und Vater" die Tochter am liebsten bei sich behielte:

> Bald, du Einzige! Wirst Du auf jenem Wege dahinziehn,
> welchen ich kam; bald steht mir des Töchterchens Kammer verödet,
> Und des Töchterchens Stelle bei Tisch; ich horchte vergebens
> Ihrer Stimm' in der Fern' und ihrem kommenden Fußtritt.
> Wenn Du mit deinem Mann auf jenem Wege davonziehst,
> Schluchzend werd' ich und lange mit heißen Thränen dir nachsehn!
> Denn ich bin Mensch und Vater, und habe mein Töchterchen herzlich,
> Herzlich lieb! und mich liebt mein Töchterchen eben so herzlich.[24]

24 Johann Heinrich Voß: *Luise. Ein ländliches Gedicht in drei Idyllen*, Dritte Idylle, V. 283–290. Zitiert nach: Ders.: Ausgewählte Werke, hg. von Adrian Hummel. Göttingen 1996.

Vor diesem Hintergrund ist des Vosseschen Protagonisten Bezugnahme auf Gott eine Ankündigung bzw. leise Selbstermahnung, sich der nahenden Trennung trotz aller „Thränen“ nicht in den Weg zu stellen:

> Aber ich werde getrost mein Haupt aufheben zum Himmel,
> Trocknen mein Angesicht, und, fest die Hände gefaltet,
> Mich im Gebete vor Gott demütigen, der, wie ein Vater,
> Seiner Kindelein pfleget, durch Freud und Kummer uns segnet!
> Sein ist auch das Gebot, des Liebenden: >Vater und Mutter
> Soll verlassen der Mensch, dass Mann und Weib sich vereinen<.
> Geh denn in Frieden, mein Kind; vergiß dein Geschlecht, und des Vaters
> Wohnungen; geh an der Hand des Jünglings, welcher von nun an
> Vater und Mutter dir ist![25]

Im Wissen um das zitierte Exogamie-„Gebot“ (1. Mo 2,24), aber auch im Vertrauen darauf, als bedürftiges Menschen-„Kindelein“ nicht ohne haltende Fürsorge „des Liebenden“ zu sein, will der Pfarrer und „feurige Greis“[26] den durch die Trennung bewirkten Verlustschmerz getrost ertragen. Sein geliebtes „Töchterchen“ soll die Eltern „in Frieden“ verlassen dürfen, auf dass sich dadurch „Mann und Weib“ miteinander „vereinen“ können.

Bekommt dagegen der Goethesche Hermann zu hören, er habe den Eltern auch künftig für „Haus“ und „Feld“ zu sorgen, so steht diese Behauptung zur Norm aus dem ersten Buch Mose – zu der Vorgabe, dass sich ein heiratsfähiger Mensch von Vater und Mutter zu trennen habe – in deutlichem Widerspruch. Die „gute Mutter“ (II, 107) des Protagonisten argumentiert auf ein Ziel hin, das zu verfolgen sie sich, wäre es ihr tatsächlich um die Einhaltung einer gottgefälligen Lebensweise zu tun, im Geiste von Vossens Gottesmann durchaus versagen müsste. Dass sie diese Zurückhaltung nicht wahrt, sondern gebotswidrig versucht, den erwachsenen Sohn auf ein Dasein in ihrer Nähe festzulegen, lässt sie als jemanden erscheinen, dessen Handeln, so uneigennützig es wirken mag, zuvorderst der eigenen Trauer- und Schmerzvermeidung dient.

25 Ebd., V. 291–299.

26 Ebd., V. 55.

Dem mag man entgegenhalten, dass sich die Mutter im Weiteren doch nachdrücklich für eine Eheschließung des Sohnes einsetzt: sie ihren Hermann dazu ermutigt, trotz väterlicher Abneigung um die neu kennengelernte Dorothea zu werben. Auch hier aber ist wieder danach zu fragen, welche implizite Motivation das mütterliche Verhalten bestimmt. Kann man aus den Informationen, die über Figur und Handlungsumstände gegeben werden, tatsächlich auf ein Handeln im Sohnesinteresse schließen?

Schon „lange“ hat sich die Löwenwirtin einen Ersatz gewünscht für ihre vor Jahren „verlor[ene]“ Tochter (VII, 64–66). Es fehlt ihr „ein Mädchen im Hause“ (VII, 64), von dem sie erwarten könnte, dass es ihr besser als eine normale Magd – weil „mit der Hand nicht allein“, sondern von „Herzen“ – „[a]n der Tochter Statt“ bei den häuslichen Arbeiten „hülfe“ (VII, 65 f.). Erwartungsvoll hat sie deshalb „des fröhlichen Tags [gedacht], der kommen würde, wenn künftig Hermann, seine Braut sich erwählend, [die Eltern] endlich erfreute!“ (V, 42 f.).

Als dann der mädchenscheue Sohn plötzlich von seiner Begegnung mit einem weiblichen Kriegsflüchtling berichtet und gar verlauten lässt, dass er sich unter dem Eindruck dieser Person „[lieber] als je […] zur Heirat entschließen“ könnte (II, 102), eröffnet das der Mutter die Chance, für die vakante Familienstelle eine nach ihren Maßstäben ideale Besetzung zu finden. Während sich der Vater um seiner Reputation willen „ein begütertes Mädchen“ (II, 171) in der Familie wünscht und deshalb von einer „bäurische[n]“ Flüchtlings-„Trulle“ (II, 163 f.) als Schwiegertochter vorerst nichts wissen will – schon weil „die Arme“, wie er zu bedenken gibt, auch vom Ehemann selber „zuletzt [doch] verachtet“ würde (II, 184) –, hält es die Wirtin für überaus lobenswert, das Wagnis der Brautwahl gerade „im Krieg und über den Trümmern“ einzugehen (II, 157). Aus Hermanns Erzählung hat sie entnehmen können, wie altruistisch und zupackend die neue Bekannte zu sein scheint, zudem aber auch einen Eindruck davon erhalten, in welch „[j]ammervoll[er]“ (II, 29) Lage sich diese befindet: Infolge des Krieges bettelarm geworden, darf der jungen Heimat-„Vertriebne[n]“ (VII, 86) „kein Weg […] zu sauer“ dünken – und keine „Arbeit zu klein“ (VII, 120 ff.). Wie sich die Mutter leicht auszurechnen vermag, muss das „wandernde[ ] Mädchen“ (VII, 93) aufgrund seiner „Not“ (VII, 90) „dankbar“ (VII, 74) selbst dafür noch sein, von einem „stotternde[n]“ Jüngling (VII, 72) als „Magd für Mutter und Vater“ angeworben zu werden (VII, 76; vgl. VII, 110 ff., 158 f., VIII, 104).

Ebenso schon vorhersehbar ist für die „kluge […] Hausfrau“ (I, 22), dass die neue Gefühlsregung für Dorothea des Sohnes Bindung an seine Mutter nicht ernsthaft gefährden wird. Wohl malt sich Hermann genau das Gegenteil aus, wenn er beteuert,

> […] es löset die Liebe, das fühl’ ich, jegliche Bande,
> Wenn sie die ihrigen knüpft; und nicht das Mädchen alleine
> Lässet Vater und Mutter dahinten, wenn sie dem Mann folgt;
> Auch der Jüngling er weiß nichts mehr von Mutter und Vater,
> Wenn er das Mädchen sieht, das einziggeliebte, davonziehn.
> (IV, 219–223)

–, und ferner konstatiert:

> […] mein Vater, er hat die entscheidenden Worte gesprochen,
> Und sein Haus ist nicht mehr das meine, wenn er das Mädchen
> Ausschließt, das ich allein nach Haus zu führen begehre.
> (IV, 225–227)

Statt nach solcher Rede nun aber die Konsequenz zu ziehen, dass er sein Elternhaus zu verlassen habe, damit ein Leben mit Dorothea möglich werde, will sich der angeblich „zum Manne“ Gereifte (IV, 127) lieber unter die „Krieger“ mischen (IV, 106 ff.) und seinem Dasein ein Ende bereiten (IV, 224). Hermann zeigt damit eine gewisse Strebung, sich von seiner Familie absetzen zu wollen. Doch scheint ihm dieser Schritt nur durch eine Teilnahme am Krieg realisierbar zu sein – und nicht etwa, wie man das nach seinen Aussagen über die Liebe eigentlich erwarten dürfte, durch eine Eheschließung mit Dorothea: Wiewohl er soeben noch zu versichern wusste, es lasse um der Liebe willen „[a]uch der Jüngling“ Mutter und Vater zurück, kommt ein Eheleben außerhalb seiner Herkunftsfamilie nicht in Frage für ihn: Dorothea als potentielle Braut „begehr[t]“ er „allein nach Haus zu führen“ (IV, 227): nur dorthin just, von wo sie der Vater mit „entscheidenden Worte[n]“ ausgesperrt hat.

Wenn nun die Mutter in dieser Situation „geschickt“ (IV, 150) durchsetzt, dass Hermann sich schließlich doch dazu aufmacht, „die Arme“ (IV, 234) in die Familie zu holen, so ist das eine Einflussnahme, durch die sie gleich zweifach „zu ihrem Zweck [gelangt]“ (IV, 151). Denn nicht nur kommt ihr mit Dorothea der so lange ersehnte Tochterersatz ins Haus: ein aufgrund von Armut und Ehe unfrei gewordenes Aschenputtel, dem es obliegen wird,

> zu dulden die Laune des Herrn, wenn er ungerecht tadelt
> Oder dieses und jenes begehrt, mit sich selber im Zwiespalt,
> Und die Heftigkeit noch der Frau[ ], die leicht sich erzürnet,
> Mit der Kinder roher und übermütiger Unart:
> […] und doch die Pflicht zu erfüllen
> Ungesäumt und rasch, und selbst nicht mürrisch zu stocken.
> (IX, 121–126)

Der Mutter ist es des Weiteren eben auch gelungen, den aus „Verzweiflung“ (IV, 224) sich unter die „Krieger“ wünschenden Sohn zumindest vorläufig in ihrer Umgebung zu halten. Als angehender Gemahl einer bei Tag und Nacht sich „für andre“ abplackenden (VII, 119) „Schwester“ (VII, 117, 185) kann Hermann seine ihm mütterlicherseits eingeprägte „Bestimmung“ (kann er das Gebot der Mutternähe) auch in Zukunft erfüllen; jedenfalls besser, als wenn er für einen ‚Ehrentod‘ an die Front bzw. – im Sinne des Vaters – zu Bildungszwecken auf Reisen ginge.

Dass die eingefädelte Verbindung mithin also ganz eindeutig im mütterlichen Interesse liegt,[27] müsste freilich nicht ausschlie-

27 Zusätzliche Plausibilität erhält diese Lesart durch die Übereinstimmung mit einer anderen Mutter-Kind-Figuration, auf die in Goethes Text ebenfalls angespielt wird: Von der Nachbarsfamilie mit dem Spitznamen „Tamino“ (II, 237) belegt, ist Hermann zu dem gleichnamigen Helden aus der Schikaneder-Mozartschen *Zauberflöte* in Beziehung gesetzt (aus der ich im Folgenden mit Seitenangaben zitiere nach: Wolfgang Amadeus Mozart: *Die Zauberflöte. Eine große Oper in zwei Aufzügen.* Libretto von Emanuel Schikaneder, hg. von Hans-Albrecht Koch. Stuttgart 1998), zu jenem zwanzigjährigen „Königssohn“ (S. 36) also, dem als eine ins Göttliche hypertrophierte Muttergestalt die „Königin der Nacht“ gegenübertritt. Von dieser „nächtliche[n] Königin“ (S. 11), die an „Gram und Jammer“ leidet (S. 30), seitdem ihr Gegenspieler Sarastro die Tochter Pamina entführt hat, wird der „[z]um Malen schöne“ Tamino (S. 7) als ihr „lieber Sohn“ dazu eingespannt, das „tiefbetrübte Mutterherz zu trösten“ (S. 17). Mit dem Versprechen, dass Pamina „auf ewig [sein]“ werden solle (S. 18), erhält der „Jüngling“ – in Entsprechung zu

ßen, dass durch die neue Konstellation auch Hermanns eigene Seelennöte Abhilfe finden. Eine solche Kongruenz der Bedürfnisse ist in der Tat behauptet worden, insofern man gemeint hat, mit der Erzählung ein für Goethe-Texte untypisches „Gelingen" vorgeführt zu bekommen.[28] Ohne Beachtung blieb dann allerdings – einmal ganz abgesehen von den Anzeichen für das der

Hermann bei Goethe – den Auftrag, die vermisste Tochter zur Mutter zurückzubringen. Wie sich im Laufe des Stückes dann aber zeigt, hat die in Aussicht gestellte Paarbildung gerade die Trennung von Mutter und Kind zur Voraussetzung. Die adoleszenten Figuren müssen lernen, sich von den Ansprüchen der „große[n] Fürstin" (S. 14) abzugrenzen, wobei ihnen der angeblich so „böse[ ]" (S. 16) Sarastro als eine Art Initiationshelfer (der allerdings deutlich misogyne Züge trägt) beisteht. Als schließlich die „Herrscherin der Nacht" (S. 11) Sarastros wegen Gefahr läuft, ihre Macht über den „lieben Sohn" und die Tochter definitiv zu verlieren, will sie den Widersacher ermorden lassen; und zwar von der Hand Paminas, der sie für den Fall der Befehlsverweigerung vollständigen Liebesentzug androht:

> Der Hölle Rache kocht in meinem Herzen,
> Tod und Verzweiflung flammet um mich her!
> Fühlt nicht durch dich Sarastro Todesschmerzen,
> so bist du meine Tochter nimmermehr:
> Verstoßen sei auf ewig, verlassen sei auf ewig,
> zertrümmert sei'n auf ewig alle Bande der Natur,
> wenn nicht durch dich Sarastro wird erblassen!
> – Hört, Rachegötter – – hört! Der Mutter Schwur! – (S. 48)

Ganz so furienhaft freilich ist die Mutter im Goethes Text nicht gezeichnet; die rohe Gewalt hat der Autor den Männern vorbehalten, dem schönen Geschlecht kommen bei ihm List und Ausdauervermögen zu:

> Denn die Männer sind heftig, und denken nur immer das Letzte,
> Und die Hindernis treibt die Heftigen leicht vom Wege;
> Aber ein Weib ist geschickt, auf Mittel zu denken, und wandelt
> Auch den Umweg, geschickt zu ihrem Zweck zu gelangen.
> (IV, 148–151)

Hinsichtlich ihrer Bedürfnisse und Zielsetzungen jedoch ist die von Goethe gezeichnete Mutter mit der Königin der Nacht durchaus in Beziehung zu setzen – nicht zuletzt dort, wo sie dem Sohn (und sich) wünscht, dass diesem „die Nacht zur schönen Hälfte des Lebens werde" (IV, 199).

28 Karl Eibl: Anamnesis des „Augenblicks". Goethes poetischer Gesellschaftsentwurf in *Hermann und Dorothea*, in: DVjs 58 (1984), S. 111; ähnlich Gerhard Kluge: *Hermann und Dorothea*. Die Revolution und Hermanns Schlußrede – zwei „schmerzliche" Zeichen, in: Goethe-Jahrbuch 1992, S. 61–68.

Braut bevorstehende Dienst-Martyrium[29] –, dass gerade das Hauptsymptom für des Protagonisten schlechte Verfassung, seine „Begier […] zu sterben“ (IV, 96 f.), auch am Ende des erzählten Geschehens nicht etwa verschwunden ist. Denn wie gesagt: Kaum hat das frische Paar im Elternhaus seine Verlobung ausgesprochen, da hört man den künftigen Bräutigam gegenüber der Braut wieder verkünden, er wolle bei nächster Gelegenheit mit zu denen gehören,

> Die für Gott und Gesetz, für Eltern, Weiber und Kinder
> Stritten und gegen den Feind zusammenstehend erlagen.
> (IX, 309 f.)

Erinnert sei daran, dass Hermann solch Todesverlangen schon einmal als seine vaterländische Pflicht zu begründen suchte, nur um der Mutter bald zugeben zu müssen, dass derlei „bedeutende Reden“ (IV, 118) bloß „Worte […] waren“, die hatten „verstecken“ sollen, welche „Gefühle“ ihn „im tiefstem Herzen“ wirklich bewegen – und eben sein „Herz“ zu „zerreißen“ drohen (IV, 103, 140 f.). Bedient er sich jener patriotischen Rhetorik nun

29 Während der Werbungs-Tour hat sich Hermann nicht durchringen können, der „zweite[n] Mutter“ (VII, 197) einen Heiratsantrag zu stellen. Aus seinen Darlegungen musste Dorothea vielmehr den Schluss ziehen, ihr werde ein Dienst als „Magd“ angetragen (VII, 76). Noch bei ihrer Ankunft in Hermanns Familie meint sie, nicht etwa vor die künftigen Schwiegereltern, sondern vor ihre neue Herrschaft zu treten (vgl. VIII, 100–104, IX, 69). Somit erfüllt sich in diesem Moment, was vormals der Vater zum Vorzeichen künftigen Unheils erklärt hat. Eine besitzlose Braut, so lautete dessen Prophezeiung, werde der Mann auf Dauer „verachte[n]“: „er hält sie als Magd, die als Magd mit dem Bündel hereinkam. / Ungerecht bleiben die Männer, und die Zeiten der Liebe vergehen“ (II, 184–186). Eine entsprechende Vorahnung hat der Autor auch Dorothea selber schon aussprechen lassen: „Dienen lerne bei Zeiten das Weib nach ihrer Bestimmung“; denn es „[d]ienet die Schwester dem Bruder […], sie dienet den Eltern, / Und ihr Leben ist immer ein ewiges Gehen und Kommen / Oder ein Heben und Tragen, Bereiten und Schaffen für Andre. / Wohl ihr, wenn sie daran sich gewöhnt, daß kein Weg ihr zu sauer / Wird und die Stunden der Nacht ihr sind wie die Stunden des Tages, / Daß ihr niemals die Arbeit zu klein und die Nadel zu fein scheint, / Daß sie sich ganz vergißt und leben mag nur in Andern!“ (VII, 114–123)

abermals, ist dieselbe nach der gelungenen Brautwerbung nicht etwa glaubhafter geworden. Dem Vorbild der Mutter folgend, wird man zu unterstellen haben, dass der Redner auch abschließend wieder, während er mit Emphase vom Einsatz fürs „Vaterland“ spricht, „ganz andre Gedanken“ hat und den Zuhörern sein „Herz [verbirgt]“.

## *V.*

Welche „Gedanken“ bzw. „Gefühle“ sind es denn aber, die Hermann vor Eltern und Braut zu verbergen trachtet? Und woher rührt seine selbstzerstörerische „Verzweiflung“, wenn ja ganz offenbar nicht von des Vaters ursprünglichem Widerstand gegen die Eheschließung mit Dorothea?

Es lohnt sich, mit diesen Fragen noch einmal in den vierten Gesang zurückzukehren, wo man dem Helden, derweil er zu seiner Mutter spricht, tiefer ins Herz blicken kann, als die Adressatin dies wahrhaben will. Sobald er dort seiner Patrioten-Maske entkleidet ist, erzählt der „Krieger“ *in spe* nämlich von Situationen, in denen ihn seine „Gefühle“ auch früher schon zu Gewalttätigkeit haben neigen lassen:

> […] mit grimmigem Wüten
> Fiel ich sie [die Gespielen] an und schlug und traf, mit blindem Beginnen,
> Ohne zu sehen wohin. Sie heulten mit blutigen Nasen
> Und entrissen sich kaum den wütenden Tritten und Schlägen.
> (IV, 169 ff.)

Was der „gute Jüngling“ (IV, 155) mithin also im „Herzen“ trägt, sind u. a. ganz beträchtliche Aggressionen, deren Entladung nach außen – d. h. gegen andere – immer dann zu erfolgen scheint, wenn etwas die Größe des Vaters (und später eben des „Vaterlandes“) in Frage stellt. So nennt denn Hermann als Grund seines „Wütens“ nicht etwa eine gegen ihn selber gerichtete „Tücke“ – von der er „fürwahr“ vieles „geduldet“ habe (IV, 163 ff.) –, sondern der „Gespielen“ Spottlust, wenn sich das Oberhaupt der Familie durch ein sonderbares Verhalten in aller Öffentlichkeit kompromittierte:

> Oftmals hab' ich an ihnen nicht Wurf noch Streiche gerochen.
> Aber spotteten sie mir den Vater aus, wenn er Sonntags
> Aus der Kirche kam mit würdig bedächtigem Schritte;
> Lachten sie über das Band der Mütze, die Blumen des Schlafrocks,
> Den er so stattlich trug […]:
> Fürchterlich ballte sich gleich die Faust mir […].
> (IV, 164–169)

Die Tatsache, dass hier ein junger Erwachsener seinen Vater selbst noch im Blümchen-„Schlafrock" als „stattlich" und „würdig" will wahrgenommen haben, zeugt von einem bemerkenswertes Bemühen, sich unter Verleugnung der Realität ein Idealbild zu wahren. Zwar hat Hermann gerade von des Vaters Seite noch um vieles mehr ertragen und „dulden" müssen als von den Altersgenossen; beispielsweise wenn dem Wirte „bei Rat […] Verdruß […] erregt ward" und er dann für „die Ränke seiner Kollegen" das eigene Kind „büß[en]" ließ (IV, 173 ff.; IX, 122). Statt aber empfinden und aussprechen zu können, was es im Innern hervorruft, von einer „mit sich selber im Zwiespalt" liegenden Elterngestalt „täglich" zugleich vereinnahmt und ausgescholten zu werden, erklärt der Sohn – den doch die jüngsten Vorhaltungen eben erst aus dem Hause vertrieben haben –, er trage stets „der Eltern von Herzen zu ehrende Wohltat [in Gedanken]" (IV, 178) und schätze die Weisheit seiner Erzeuger:

> […] die Eltern zu ehren, war früh mein Liebstes, und niemand
> Schien mir klüger zu sein und weiser, als die mich erzeugten,
> Und mit Ernst mir in dunkeler Zeit der Kindheit geboten.
> (IV, 159 ff.)

Diese so offenkundige Idealisierung von Vater und Mutter sowie die Einseitigkeit der für sie beide angeblich gehegten Gefühle stehen in Diskrepanz nicht nur zum dargestellten Verhalten der Eltern. Zweifelhaft werden die bekundete Dankbarkeit und Hochachtung vor allem auch durch des Sohnes Verhaltensmerkmale: durch seine Lernstörungen und seine Scheu vor der Außenwelt, durch seine übergroße Duldsamkeit, seine plötzlichen Gewaltexzesse und seinen Todeshunger. Das alles sind Anzeichen einer Persönlichkeitsstörung, deren vom Autor implizit dargestellte Ursachen im Verhalten der Eltern liegen. Das andauernde

„Schelten und Tadeln“ eines mit sich selbst unzufriedenen Vaters sowie die falsche Einfühlung einer auf Trennungsvermeidung abzielenden Mutter – zwei für die Entwicklung von Selbständigkeit auch nach heutigem Wissen überaus ungünstige Umstände – haben dem einzigen (noch lebenden) Nachwuchs „[a]llen Mut in der Brust [gehemmt]“ (III, 56 f.). Die familiären Beziehungen sind allenfalls dem Schein nach von Empathie und Anteilnahme geprägt, beruhen aber in Wirklichkeit – wie die Motive hinter der elterlichen Heiratsermunterung zeigen – auf einem heimlichen Missbrauch für die Verwirklichung uneingestandener Eigeninteressen.

Hat man dies einmal erkannt und setzt ferner voraus, dass Aggressionen entstehen, wo „lebensnotwendige[ ] narzißtische[ ] Bedürfnisse […] permanent […] frustriert [werden]“[30], so ist der am Protagonisten vorgeführte Kampfes- und Sterbeeifer als Symptom einer psychischen Abwehr zu interpretieren: Indem Hermann auf die väterlichen Standpauken mit dem Impuls reagiert, den Vater und das „Vaterland“ bis zur Selbstaufopferung vor Anfechtungen und Gefahren schützen zu müssen, projiziert er seine (zu unterstellende) Gegen-Aggression auf außenstehende Dritte. Es erscheint ihm in seinen gleichaltrigen Gegnern – sowohl den Verspöttern des Vaters als auch den „Feinden“ des „Vaterlandes“ – ein zu bekämpfender Teil seines Selbst.[31] Die

30 Udo Rauchfleisch: Aggression, in: Handbuch psychoanalytischer Grundbegriffe, hg. von Wolfgang Mertens, Bruno Waldvogel. Stuttgart 2000, S. 40.

31 Ähnlich hat in seiner Studie *The Psychoanalysis of War* (New York 1974) auch der italienische Psychologe Franco Fornari die Auffassung vertreten, dass der bis in die Gegenwart so leicht zu entfachende Eifer, Eltern, Frauen und Kinder, das Vaterland oder die Heimat vor äußeren Feinden schützen zu wollen, einer psychischen Abwehr diene. Dem als potentiellen „destroyer of one's love object“ (ebd., S. 163) wahrgenommenen Gegner würden in der Regel gerade die Affekte und Wünsche unterstellt, die das unterstellende Subjekt unbewusst in sich selber trage; „each side accuses the other of acts which they have themselves repressed“ (ebd., S. 103). Erscheine das Fremde als Inkarnation des Bösen, das etwas Geliebtes zu zerstören trachte, beruhe dieses Bild (auch) auf einer externalisierenden Projektion von zerstörerischen Affekten –: „on the alienation of the bad parts of the self which are projected onto the enemy“ (ebd., S. 163). Ohne auf familiäre und soziale Randbedingungen einzugehen, konstatiert Fornari (in Anknüpfung an die Todestrieb-These des späten Freud und Melanie Kleins) „the incredible paradox that the most important

Aggression gegen den Vater, sofern sich diese nicht – im Verlangen nach einem Soldatentod – direkt auf die eigene Person verlagert, wird auf Alter-ego-Gestalten verschoben, in denen sich, was an eigenen „Gedanken“ und „Gefühlen“ das idealisierte Objekt gefährdet, abwehren lässt als eine vermeintlich von „Fremden“ (IV, 99) ausgehende Bedrohung.

> Ein junger Mensch [...], der nicht ertragen lernte, seine Eltern einigermaßen realitätsgerecht zu beurteilen, wird auch anderen Bereichen der Außenwelt gegenüber blind sein oder sie verzerrt sehen. Ähnlich geht es ihm mit seinen Gefühlen: Sie dürfen nur seinen eigenen Idealisierungen gemäß wahrgenommen werden; er darf die Eltern zum Beispiel nur lieben und verehren, seine Hassgefühle muss er mit Hilfe von Verteufelungen woanders loszuwerden suchen.[32]

Welchen Grund es haben könnte, dass Hermann an seinem Vaterbild so unbedingt festzuhalten versucht, wird etwas verständlicher, wenn wir uns ins Gedächtnis rufen, vor welcher Entwicklungsaufgabe der Held sich befindet: Im Sinne der schon zitierten Norm, dass „[der Mensch] Vater und Mutter [...] verlassen [soll]“ – nicht etwa „verfaulen an dem Platze, der ihn erzeugt hat“ –, wäre für Hermann die Zeit gekommen, sich auf ein Arbeits- und Liebesleben einzulassen, das *außerhalb* seiner Herkunftsfamilie stattfindet. Doch wie sein Namensvetter Tamino aus der *Zauberflöte*[33] hat er bei seiner Ablösung mit Widerständen zu ringen – einer festhaltenden Mutter und einem Mangel an Selbstvertrauen („Mut in der Brust“) –, zu deren Überwindung er Hilfe bräuchte.

security function [of war] is not to defend ourselves from external enemy, but to find a real enemy.“ (ebd., S. XVII). Nur wenn die Menschen Erfolg hätten „in finding something bad (an enemy) to destroy in the external world“, sei es ihnen möglich, „to reassure [them]selves [...] against the danger of [their] destructive attacks being directed toward to what [they] love“ (ebd., S. XVII).

32 Alexander Mitscherlich, Margarete Mitscherlich: Die Unfähigkeit zu trauern. Grundlagen kollektiven Verhaltens. München, Zürich [23]1994, S. 245.

33 Siehe oben Anm. 27!

## *VI.*

Heutige Psychologen erklären das Phänomen der (Eltern-) Idealisierung mit dem Umstand, dass (insbesondere) ein heranwachsender Mensch angesichts täglicher Ohnmachtserfahrungen das Bedürfnis habe, „sich […] als verbunden mit und akzeptiert von anderen zu erleben, die als stark, weise, ruhig, schön, gerecht usw. wahrgenommen werden".[34] Erst wenn es in Kindheit und Jugend kontinuierlich gelinge, bestimmte Merkmale und Fähigkeiten der idealisierten Objekte durch geförderte Identifikationen zu einem Bestandteil des eigenen „Selbst"[35] zu machen, erlangten die psychischen Funktionen des Menschen – darunter auch die Vermögen zur Regulation der Reizaufnahme, des Affekthaushalts und des Selbstwertempfindens – eine gewisse Unabhängigkeit von äußerer Unterstützung. In diesem Falle übernehme allmählich „[die innere Struktur] die Funktionen, die das Objekt für das Kind erfüllt hatte",[36] wodurch das Subjekt schließlich hinlänglich gestärkt sei, um sich eingestehen zu können, dass auch seine persönlichen Schutzgötter – seine primären Bezugspersonen – nur fehlbare (vom Wunschbild abweichende) Menschen sind. Sofern allerdings „chronische[ ] Erfahrungen des Zurückgewiesen- und Nichtanerkanntwerdens"[37] die Identifikation mit den elterlichen Vorbildern (als einen Prozeß der „umwandelnden Verinnerli-

34 Ernest S. Wolf: Theorie und Praxis der psychoanalytischen Selbstpsychologie. Frankfurt a. M. 1993, S. 156 f.

35 Mit dem Begriff „Selbst" wird in der von Heinz Kohut entwickelten Selbstpsychologie diejenige psychische Struktur bezeichnet, „die sich dadurch ausdrückt, dass sie uns ein gesundes Gefühl von uns selbst ermöglicht, ein Gefühl von Selbstachtung und Wohlbefinden. Dabei scheint das Wesen des Selbst so schwer faßbar zu sein wie das eines Elektrons. Was wir über diese Strukturen wirklich wissen können, sind Manifestationen, d. h., die Phänomene, die sich davon ableiten" (ebd., S. 7).

36 Heinz Kohut: Narzißmus. Eine Theorie der psychoanalytischen Behandlung narzißtischer Persönlichkeitsstörungen. Frankfurt a. M. 1976, S. 71.

37 Wolf (wie Anm. 34), S. 161 f.; man könne „ohne weiteres behaupten", so führt Wolf weiter aus, „dass einmalige, schwer traumatische Verletzungen des Selbst seltener psychopathologische Spuren hinterlassen als die wiederholten kleinen Verletzungen, in im Kontext chronisch ungenügender Selbstobjekt-Erfahrungen üblich sind."

chung“[38]) behindert haben sollten, bleibe das Empfinden von „Selbst-Kohärenz und […] Selbstachtung“[39] auf die enge Bindung an idealisierte Personen – sogenannte „Selbstobjekte“[40] – weiter angewiesen. Diese müssten dann als eine Art Prothese zur Bewahrung des „psychoökonomischen Gleichgewichts“[41] das ganze Leben hindurch „die Funktionen eines Sektors des psychischen Apparats […] ersetzen, der in der Kindheit“ infolge des Mangels an (positiven) Identifikationsangeboten „nicht gebildet werden konnte.“[42]

Dass sich ein Adoleszent wie Hermann trotz überaus desillusionierender Erfahrungen an sein realitätsfernes Vaterbild klammert, wäre mit dieser Theorie als eine Sehnsucht nach stabilisierender „Selbst“-Ergänzung zu deuten: Für den von mütterlicher „Sorge“ ängstlich umhegten Sohn verheißt der idealisierte Vater „Identifizierungsmöglichkeiten und Beziehungen“[43], welche ihn dazu in die Lage versetzen würden, seine psychische Homöostase auch ohne die Mutter – auch bei einem Auszug in die „Welt“ – aufrechterhalten zu können.

> Der Vater wird im Vergleich zur Mutter und der übrigen Welt verschwommen als strahlende Erscheinung wahrgenommen und – fürs erste – maßlos überschätzt. Die Erhebung in den Zustand äußerster Vollkommenheit entspricht dem Bedürfnis […] nach einem Beschützer, der [das] Streben nach Eigenständigkeit und [den] Widerstand gegen den infantilisierenden regressiven Zug zur symbiotischen Mutter stärkt.[44]

38 Kohut (wie Anm. 36), S. 70.

39 Ebd., S. 39.

40 Ebd., S. 14.

41 Ebd., S. 67 u. 262.

42 Ebd., S. 66.

43 Irene Fast: Von der Einheit zur Differenz. Psychoanalyse der Geschlechtsidentität. Frankfurt a. M. 1996, S. 221. Die Autorin entwickelt ebenda die These, dass Vatergestalten „eine wichtige Rolle“ spielen, insofern sie „Identifizierungsmöglichkeiten und Beziehungen anbieten [können], die einen Schutzwall [errichten] gegen die regressiven Tendenzen, mit der Mutter zu verschmelzen“.

44 Peter Blos: Sohn und Vater. Diesseits und jenseits des Ödipuskomplexes. Stuttgart 1990, S. 165.

> [Die] frühe Erfahrung, von einem starken Vater beschützt und geliebt zu werden, wird als lebenslanges Gefühl der Sicherheit in einer Hieronymus-Bosch-Welt voller Schrecken und Gefahren verinnerlicht. […] Wir haben guten Grund zu behaupten, dass diese Zeichen der Anerkennung und Bestätigung […] ein bestimmtes Maß an Selbstbeherrschung und Selbstbehauptung ein[flößen]. Die Welt draußen wird nicht nur handhabbar […], sondern auch, bei allen Anzeichen des Bedrohlichen und Verwirrenden, unendlich anziehend.[45]

In Hermanns Vater-Idealisierung lässt sich demnach ein Schutzmanöver erkennen, das Ängste vor „Fragmentierung"[46] und „Selbstverlust"[47] abwehren soll, unter günstigen Umständen aber zugleich die Chance böte, durch eine „strukturbildende Verinnerlichung"[48] zu mehr „eigenständigem Funktionieren"[49] fähig zu werden.

Die Voraussetzung für einen solchen Autonomiezuwachs wäre allerdings (wie Goethes Erzählung nahelegt) ein Vater, der

- *ein Stück Weltzugewandtheit, Durchsetzungsvermögen und reife(re) Männlichkeit vorleben könnte* (anstatt sich beim Anblick fremden „Jammers" in die Weinstube zurückzuziehen, am allerliebsten einen „Schlafrock mit […] Blumen" zu tragen, seine Ehefrau entsexualisierend als „Mütterchen" zu bezeichnen und seinen Ärger über die Ratskollegen am Sohn zu entladen),
- *durch Anerkennung und Zuwendung dem Heranwachsenden positive Identifizierungen möglich machte* (anstatt ihm die angebliche Wiederholung eigenen Versagens vorzuwerfen und mit „Schelten […] allen Mut […] zu hemmen") sowie
- *gegenüber der Mutter auf einem baldigen Auszug des Sohnes beharrte* (anstatt diesen noch länger die Wirtschaft führen zu

45 Ebd., S. 22 f.

46 Kohut (wie Anm. 36), S. 38; Wolf (wie Anm. 34), S. 6.

47 Martin Dornes: Der kompetente Säugling. Die präverbale Entwicklung des Menschen. Frankfurt a. M. 1993, S. 76.

48 Ebd., S. 73.

49 Ebd., S. 76.

lassen bzw. das künftige „Schwiegertöchterchen“ zu musikalischer Unterhaltung im eigenen Haus haben zu wollen).

Da sich indessen der Wirt in allen drei Punkten anders verhält, als es dem Idealbild entspräche; da er für Vateridentifizierungen, die dem Sohn mehr Selbstsicherheit geben bzw. Trennungsangst nehmen könnten, wenig Gelegenheit bietet, wird eine jede Ablösungsbestrebung bei Hermann auch von seiner Seite geschwächt.

Die im Text zu beobachtende Folge davon ist, dass sich der Sohn von seinen Selbstobjekten nicht zu lösen vermag: er verbissen an seinen „idealisierten Elternimagines“ festhält und sich ein Leben ohne die elterliche Selbst-Ergänzung – einen Fortzug mit Dorothea – zwar kurzzeitig vorstellt (IV, 18–23), (aus Angst) aber nicht zutraut.

Weil ihm jedoch ein Weiterleben zu Hause, solange er die Idealisierung der Eltern aus Selbstschutz nicht aufgeben darf, auf Dauer genauso unmöglich ist – drohen ja doch gerade die schützenden Elternbilder an der Familienrealität zu zerbrechen –, steckt Hermann in dem Dilemma, als ein psychisch „Nicht-zu-Ende-Geborener“[50] aus seiner Familie flüchten und zugleich vor der „Welt“ sich fürchten zu müssen.

Erst diese doppelte Ortlosigkeit macht verständlich, warum Goethes Protagonist auch noch nach dem Heiratsbeschluss – übrigens ähnlich wie bereits Dorotheas erster Verlobter[51] – „höher hinauf“ (IV, 110) in den Himmel der Märtyrer will. Mit in den Krieg zu ziehen und als „Krieger“ zu sterben –: unter den

50 Klaus Theweleit: Männerphantasien 1 + 2. München, Zürich 2000, Bd. 2, S. 210 ff. u. 248 ff.

51 Dorotheas „Erinnrung“ im neunten Gesang ist zu entnehmen, dass sich dieser „Gute“, der seine Braut unvermittelt verließ und „nicht zur Heimat zurückkam“ (IX, 257 f.), als ein „Fremdling auf Erden“ (IX, 270) fühlte. Er glaubte an ein besseres Dasein nicht etwa im revolutionären Frankreich, sondern setzte darauf, dass ihn „über den Trümmern der Welt“ ein Jenseits erwarte: ein paradiesischer Ort, an dem der Mensch „umgebildet und frei und unabhängig vom Schicksal“ (IX, 276 f.) leben werde, sodass dort auch keinerlei neuer „Schmerz des […] Verlustes“ (IX, 287) zu fürchten sei. – Seine „Lust“, künftig als solch ein „erneute[s] Geschöpf[ ]“ (IX, 276) „im neuen veränderten Wesen zu wirken, / Trieb [ihn] nach Paris zu gehen, dahin, wo er Kerker und Tod fand“ (IX, 261) – das vermeintliche Entree für eine glückliche Transzendenz!

gegebenen Umständen kann er daran die Hoffnung knüpfen, dass es auf solche Art wohl am ehesten gelänge,

- den heimischen Frustrationen zu entkommen,
- in der Familie entstandene Aggressionen (zur Erhaltung der eigenen Selbstobjekt-Beziehungen) gegen andere abzulenken,
- anstelle von Ohnmacht Stärke zu empfinden (IX, 317 f: „so stünde die Macht auf / Gegen die Macht"),
- sich einer als aussichtslos oder überfordernd empfundenen Zukunft im irdischen (Zivil-)Leben ‚ehrenhaft' zu entziehen und dabei als Kriegsheld
- die ersehnte Anerkennung vom Vater (und Vaterland) doch noch zu erlangen (IV, 109 f.: „Sage der Vater alsdann, ob nicht der Ehre Gefühl mir / Auch den Busen belebt").

Bei derlei durch familiäre Beziehungsnot bedingten Motiven sollte man die „Begier" nach aufopferndem Kampf nicht einfach als eine „zeitgemäße Erscheinung nationaler Identität"[52] akzeptieren. Indem uns der Autor einen Hermann präsentiert, der kein Feldherr im Krieg gegen romanische Invasoren ist, sondern als Adoleszent bislang noch das schwächste Glied einer pathologischen Familienkonstellation, bringt er genau jenen Aufopferungswillen, der im nationalistischen Diskurs zur Primärtugend verklärt wird, als das Resultat einer in Kindheit und Jugend gehemmten Individuation zur Anschauung. Wer die Entwicklung des Protagonisten einen „guten Ausgang"[53] hat nehmen sehen (mit einer „Emanzipation von den Eltern"[54], einer Liebesheirat und der „Begründung einer neuen, eigenen Familie"[55]), der musste am Schluss des Textes ausblenden, wie wenig Interesse der endlich verlobte Jüngling an künftiger Ehezweisamkeit zeigt. Verliefe die fiktive Zukunft nach Hermanns Vorstellung, so würde statt seiner bald Dorothea „das Haus und die liebenden Eltern [versorgen]" (IX, 315), während er selbst sich – der in seiner Schlussrede noch einmal auf die Ruhmesprämie für den Kriegstod verweist (vgl. IX, 308–310) – aus dem Elternhaus weg-

52 Müller (wie Anm. 19), S. 90.

53 Eibl (wie Anm. 28), S. 116 u. 135.

54 Lützeler (wie Anm. 2), S. 119.

55 Ebd., S. 119.

begäbe und als ein junger Bräutigam freiwillig und todesbereit „dem Feinde“ entgegenzöge.

Die flammenden Reden (nicht nur) dieses Helden kennzeichnet der Widerspruch, dass sie von Verbundenheit, (Heimat-)Liebe und Virilität zeugen sollen, deren angestrebten Beweis aber jeweils mit der Vorstellung eines dauerhaften Weggangs bzw. baldigen Ablebens verbinden. Solche Redeweise schon um 1800 als das Symptom einer blockierten Selbstwerdung durchschaubar gemacht zu haben, halte ich für ein Verdienst, dessentwegen es sich auch und gerade heute noch lohnte, Goethes fast vergessenen Bestseller einmal wieder zur Hand zu nehmen.

## Ein Blick in die Geschichte der Hamburger Goethe-Gesellschaft

Im Juli 1807 trifft Goethe in Karlsbad mit Carl Friedrich Reinhard zusammen und hält im Tagebuch unter dem 3. Juli fest:

> ... Darauf kam Resident Reinhard und blieb bis gegen 1 Uhr. Gespräch über Hamburg überhaupt, besonders seine literarischen Zirkel. Reimarus, Klopstock, Lessing, Büsch, Ebeling u. s. w. Vorständige beschränkte Denkungsweise.[1]

Diese ablehnende Haltung Goethes der Stadt Hamburg und ihren Literaten gegenüber hielt jedoch einen Kreis Hamburger Literaturfreunde und Literaturprofessoren nicht ab, im Mai 1924, anlässlich des 175. Geburtstags Goethes, die Hamburger Ortsvereinigung zu gründen, ausgehend von einer Initiative des Germanisten Prof. Robert Petsch. Der erste Vorsitzende wird Senatspräsident Dr. Erich Grisebach (geb. 1864), der den Vorsitz der Hamburger Gesellschaft bis zu seinem Tod 1941 innehat.[2]

Nachfolger Grisebachs wird Prof. Wilhelm Flitner, einer der führenden Reformpädagogen der Weimarer Republik und der ersten Jahre der Bundesrepublik. Er führt die Hamburger Goethe-Gesellschaft durch die Kriegs- und Nachkriegszeit, muss jedoch 1947 aus gesundheitlichen Gründen den Vorsitz an den Juristen und Finanzfachmann Dr. Wolfgang Mersmann abgeben, der für ein Jahr Vorsitzender ist, bevor er einem Ruf nach Bad Homburg folgt.

1 zit. nach: „Ja deswegen haben die Hamburger, die Reimarus usw., mich nie leiden können." Goethes Hamburg-Bild in ausgewählten Zeugnissen. Zum 75jährigen Bestehen der Hamburger Goethe-Gesellschaft zusammengestellt und kommentiert von Clemens Heithus. Ortsvereinigung Hamburg der Goethe-Gesellschaft in Weimar e. V., 1999, S. 14.

2 Das Archiv der Ortsvereinigung Hamburg ist sehr lückenhaft. Die Zeit 1933–1945 fehlt fast vollständig, für die Zeit von 1946 bis etwa 1972 liegt nur eine unvollständige Aktenlage vor.

Dr. Robert Johannes Meyer, Wirtschaftsjurist und Vorsitzender der Gesellschaft der Bücherfreunde zu Hamburg, leitete als stellvertretender Vorsitzender kommissarisch die Hamburger Goethe-Gesellschaft von 1948 bis 1953.

Von 1953 bis 1956 übernimmt Prof. Hans Pyritz die Aufgaben des Vorsitzenden, der im Juni 1953 Thomas Mann vor zahlreichem Publikum in der Musikhalle begrüßen kann.[3] Und am 14. Dezember 1954 liest Gottfried Benn, auf Einladung von Hans Pyritz, in der Hamburger Universität. Er begrüßt das Publikum:

> Meine Damen und Herren, ... die Einladung, vor der Hamburger Goethe-Gesellschaft zu reden, war von Herrn Prof. Pyritz mit der Bitte verbunden, keinen Goethevortrag zu halten, sondern – wie er schrieb – „einmal lebendig-unmittelbar in das Reich der modernen Kunst und in die Probleme unserer heutigen Kultursituation hineinzuführen". Das werde ich versuchen.[4]

Unter der zehnjährigen Leitung von Dr. Rudolf Joerden, dem langjährigen Direktor der Hamburger Öffentlichen Bücherhallen, versucht die Hamburger Goethe-Gesellschaft, über den engeren Kreis der Universität und der Bücherexperten hinaus weitere Interessentenkreise zu erschließen. Dieses Ziel verfolgt auch Dr. Hans-Harder Biermann-Ratjen (Kultursenator 1953–1966) während seiner Zeit als Vorsitzender von 1966–1969.

Die Zeit der Studentenrevolte und der allgemeinen gesellschaftlichen und kulturellen Umbrüche geht an der Hamburger Goethe-Gesellschaft nicht spurlos vorüber: Schwindende Mitgliederzahlen, schwindende Akzeptanz in der Öffentlichkeit führen fast zur Selbstauflösung der Gesellschaft. Dem Leitenden Oberschulrat Curt Zahn gelingt es, zusammen mit dem übrigen Vorstand, das Vortragsprogramm aus dem Elfenbeinturm der universitären und universitätsnahen Zirkel herauszuführen, indem sich die Gesellschaft für neuere Literatur und allgemeiner interessierende Themen öffnet. Nach achtzehnjährigem Vorsitz

3 DIE ZEIT, 18. Juni 1953.

4 zit. nach: Holger Hof: Gottfried Benn. Der Mann ohne Gedächtnis, Stuttgart, 2011, S. 408.

dankt die Mitgliederversammlung Curt Zahn, indem sie ihn zum Ehrenvorsitzenden ernennt.

Die Leitung der Hamburger Goethe-Gesellschaft bleibt in den folgenden Jahren (ab 1987) bei Vertretern der Hamburger Schulbehörde: Oberschulrat Gerhard Nöthlich (Vorsitz 1987–1996) folgt dem von Curt Zahn eingeschlagenen Weg und erweitert das Programm um literarische Reisen und Exkursionen, die große Resonanz finden. In seine Zeit fällt die Wiedervereinigung; Gerhard Nöthlich nutzt sehr früh schon die Möglichkeiten des freien Reiseverkehrs, um Exkursionen in die neuen Bundesländer zu veranstalten. Es kommt zu einem regen Austausch und zu nachhaltigen Begegnungen mit den dortigen Goethe-Gesellschaften. Auch Gerhard Nöthlich wird zum Ehrenvorsitzenden ernannt.

1999 laden Oberschulrat Dr. Klaus Baumann (Vorsitz 1996–2002) und die Hamburger Goethe-Gesellschaft die Vorstände der Ortsvereinigungen nach Hamburg zur jährlichen Tagung ein. 1999 wird nicht nur Goethes 250. Geburtstag gefeiert, die Hamburger Gesellschaft kann in dem Jahr auch auf ihr 75jähriges Bestehen zurückblicken. Aus diesem Anlass erscheint ein Sammelband mit Vorträgen zum Thema: „Was aber bleibet, stiften die Dichter."

Unter der Leitung von Dr. Klaus Baumann werden die Reisen und Exkursionen der Hamburger Goethe-Gesellschaft ausgeweitet; neue Ziele sind Norditalien, Rom, der Raum Neapel und Sizilien, die Schweiz und das Elsass, immer wird „auf Goethes Spuren" gereist. Diese Reisen finden viel Zuspruch und bringen der Hamburger Gesellschaft neue Mitglieder.

Seit 1999, auch initiiert von Dr. Klaus Baumann, besteht eine Verbindung zwischen der Hamburger Goethe-Gesellschaft und der tschechischen Goethe-Gesellschaft in Prag. Besuche der Hamburger in Prag – zuletzt 2011 –, Vorträge und Besuche der Prager in Hamburg festigen diese Verbindung. Seit 2011 ist das Prager Literaturhaus deutschsprachiger Autoren in diese Verbindung aufgenommen.

Auch das Vortrags-Programm der Hamburger Goethe-Gesellschaft erfährt durch Dr. Klaus Baumann eine weitere Akzentsetzung, indem seit 1998 an einem Wochenende im November/Dezember ein Klassik-Seminar veranstaltet wird, das vier Vorträge umfasst. Von Freitagabend bis Sonnabendnachmittag haben Mitglieder und Interessierte die Gelegenheit, sich intensiv mit einer Literaturepoche, einem Autor auseinanderzusetzen.

Seit 2002 liegt die Leitung der Hamburger Goethe-Gesellschaft bei Oberschulrätin a. D. Ragnhild Flechsig. Die zehnte Vorsitzende führt das Programm fort und hat die Tradition der Klassik-Seminare noch erweitert. Seit 2006 finden die Seminare in Zusammenarbeit mit dem Hamburger Landesinstitut für Lehrerbildung und Schulentwicklung statt. Lehrerinnen und Lehrern wird so eine anerkannte Fortbildungsmöglichkeit geboten, die gern genutzt wird. Die Vorträge der Klassik-Seminare werden zusammengefasst und den Mitgliedern als Jahresgabe zur Verfügung gestellt.[5] Einige Themen und Referenten der Klassik-Seminare der letzten Jahre seien hier genannt:

- Gotthold Ephraim Lessing – Dichter zwischen Aufklärung und Klassik (Referenten: Prof. Albert Meier, Prof. Jürgen Stenzel, Prof. Winfried Barner, Prof. Willi Jasper)
- Heinrich und Thomas Mann – Zur Aktualität von Leben und Werk des Bruderpaares (Referenten: Prof. Helmut Koopmann, Prof. Hans Rudolf Vaget, Dr. Manfred Flügge, Prof. Hans Wißkirchen)
- Sturm und Drang: Epoche der Grenzüberschreitungen – gefährdete Existenzen (Referenten: Prof. Hans-Gerd Winter, Prof. Matthias Luserke-Jaqui, Dr. Julia Schöll, Prof. Gert Sautermeister)
- Goethe – vom „Sturm und Drang“ zur „Frühklassik“ (Referenten: Dr. Marie Wokalek, Dr. Thorsten Valk, Gerrit Brüning, Dr. Malte Stein).

Seit August 2006 ist das schöne Warburg-Haus unser Veranstaltungsort. Die Hamburger Goethe-Gesellschaft hat z. Zt. 220 Mitglieder.

Vom 29. Mai bis zum 1. Juni 2014 fand in Hamburg aus Anlass des 90jährigen Bestehens der Hamburger Goethe-Gesellschaft unter der Schirmherrschaft der Kultursenatorin Frau Prof. Barbara Kisseler die Tagung der Vorstände der Ortsvereini-

5 Die Jahresgaben der Ortsvereinigung Hamburg sind im Verlag Janos Stekovics erschienen. Sie sind über den Buchhandel bzw. über die Geschäftsstelle der Hamburger Goethe-Gesellschaft erhältlich.

Bibliothek im Warburg-Haus, Foto: Thies Ibold

gungen der „Goethe-Gesellschaft in Weimar e. V." statt. Arbeitssitzungen und ein vielfältiges Programm prägten diese Tage, und auch an dieser Stelle sei noch einmal ein Dank ausgesprochen an alle Mitglieder, die durch Spenden und persönlichen Einsatz geholfen haben, diese Tagung zu gestalten.

*Ragnhild Flechsig*

**Impressum**

Herausgeber: Ortsvereinigung Hamburg der
Goethe-Gesellschaft in Weimar e. V.

Reihengestaltung: Janos Stekovics
Satz: Hans-Jürgen Paasch


06193 Wettin-Löbejün OT Dößel (Saalekreis)
www.steko.net

ISBN 978-3-89923-340-7

# Danksagung

Ich möchte mich von ganzem Herzen bei allen bedanken, die mich auf meinem bisherigen Weg begleitet haben.

Ohne euch wäre ich nicht da, wo ich heute bin.

Danke.

Für alles.

**An meine Eltern.**

An Freunde und Verwandte.

Und an alle

Ärztinnen und Ärzte,

Ergotherapeutinnen und Ergotherapeuten,

Krankenschwestern und -pfleger,

(Reha-)Klinikmitarbeiterinnen und -
mitarbeiter,

Lehrerinnen und Lehrer,

Physiotherapeutinnen und Physiotherapeuten,

Psychologinnen und Psychologen,

Psychosozialen Mitarbeiterinnen und
Mitarbeiter,

Sporttherapeutinnen und Sporttherapeuten

und alle anderen,

die ein so wichtiger Teil meiner bisherigen
Reise waren.

Ein ganz besonderer Dank
gilt den Personen, die nicht gezögert haben,
als ich sie extrem kurzfristig um Hilfe
bei der Fertigstellung dieses Buches gebeten
habe!

*"Enjoy the **little** things in life,*

*for one day you'll look back*

*and realise*

*they were the **big** things."*

*- Kurt Vonnegut*

**"ELLA"**

Mit 14 Jahren erkrankte die Autorin dieses Buches an Leukämie. Seitdem hat sie so einiges erlebt und ihr wurde immer wieder gesagt, dass sie gut formulieren und tolle Texte schreiben könne. Nicht zuletzt ihre Psychologin war es, die meinte, dass diese Geschichte in einem Buch festgehalten werden sollte.

Als die Autorin dann kurz darauf auch noch über die Werbung für den "Young Storyteller Award 2024" stolperte, war für sie klar, dass sie ein Buch schreiben und daran teilnehmen würde.
Sie sah die Chance, das Erlebte aufzuarbeiten und ihre Erfahrung mit der Welt zu teilen.

Die Arbeiten für das Buch starteten. Und damit ging auch der Stress los.
Denn bei Beginn waren es nur noch vier Wochen bis zur Abgabefrist...

Loved this book?
Why not write your own at story.one?

Let's go!